KB234059

부를 끌어당기는
직장인의 공부법

이 책을 소중한

_____________________ 님에게 선물합니다.

_____________________________ 드림

부를 끌어당기는 직장인의 공부법

송용섭 지음

위닝북스

인생은 성적순이 아니라 행복순이다

중·고등학교 시절에는 학교 공부만 잘하면 '1등'을 할 수 있었다. 그래서 나는 대한민국 상위 0.1% 이내에 드는 성적으로 서울대학교 의예과에 수석으로 입학했다.

세상의 많은 작가들은 자신의 어려웠던 시절을 스토리로 엮어 책으로 내지만 내 인생은 이렇다 할 굴곡이라고는 없는 것이 사실이다. 중요한 시험에서 낙방한 적도 없고, 직장에 근무하면서 크게 실패한 적도 없었고, 사업을 하거나 투자를 해서 손해를 본 일도 없었다. 하지만 겉으로 보기에는 탄탄대로와도 같은 인생을 살아온 것 같지만, 어느 순간 나 자신을 돌아보니 애초에 대한민국 상위 0.1% 이내에 들었던 적이 없었다는 것을 깨달았다.

　의과대학 본과 4학년 때, 나는 'MD WINNERS'라고 하는 독특한 스터디 동아리에 가입했다. 그 동아리는 보통의 의대생들처럼 의학이나 영어를 공부하는 것이 아니라, 의대생이 접하기 힘든 경영, 재테크, 스피치, 프레젠테이션 등 다양한 분야를 공부하는 동아리였다.

　동아리의 취지는 건전했지만, 동기들은 이 모임을 주식 투자로 돈벌이나 하는 이상한 동아리라고 손가락질했다. 이것이 대부분의 의대생들이 다른 분야를 바라보는 시각이었다. 사실 나도 그 동아리가 주식 투자만 하는 동아리였으면 가입하지 않았을 것이다. 내게 의대 공부는 가장 신성하고 중요한 것이었고, 그 외의 분야는 호기심의 대상일 뿐이었기 때문이다.

　의사 자격증을 취득하고 대학병원에서 일하며 월급을 받기 시작해도 나의 생각은 여전히 제자리에 머물러 있었다. 돌이켜 보면 대학병원은 의대의 연장선상에 지나지 않았다. 학생들 앞에서 강의를 하던 교수님이 직장 상사가 되었을 뿐이었다. 나는 의대 6년, 인턴 1년, 레지던트 4년, 총합 11년을 의대 및 의대 부속 병원이라는 울타리 안에서 보냈다.

　나는 의대를 졸업하면 당연히 인턴을 해야 하고, 인턴을 마치면 당연히 레지던트를 해야 하는 줄 알았다. 의대를 졸업한 다음에는 대학원에 들어가 박사 학위까지 취득하는 것이 자연스러운 것이라고 생각했다. 왜냐하면 거의 모두가 그렇게 하고 있었기 때문이다. 다른 선택지를 진지하게 고민해 본 적이 없었다.

대학 병원에서는 의대 교수가 최고였고, 의대 교수가 되기 위해 대학원을 졸업하고 연구 실적을 쌓는 것이 가장 가치 있는 일이었다. 그러나 나는 한 번도 의대 교수의 삶을 부러워한 적이 없었다.

나는 EBS 〈명의〉에 나오는 교수처럼 전국의 모든 환자들이 찾아오는 의사가 되고 싶은 것도 아니고, 드라마 〈하얀거탑〉에 등장하는 주인공처럼 병원 권력의 정점에 서고 싶은 것도 아니었다. 대학병원 건물 안에 자신의 이름이 걸린 방을 갖거나, 사람들로부터 '교수님'이라고 불리고 싶은 로망도 없었다.

내가 되고 싶은 것은 '대학의 교수'가 아니라 '병원의 의사'였다. 그러나 대학병원에서 근무할 때는 이런 나의 진짜 소망을 눈치 채지 못했다.

지방에서 공중보건의로 근무한 지 3년째가 되자 다시 서울로 이사 갈 일이 걱정되기 시작했다. 신혼 때는 절대 오르지 않을 것이라 믿었던 서울 집값은 우리 부부가 3년 동안 저축한 금액보다 더 많이 올라 있었다. 이런 와중에 박사 학위를 따겠다고 대학원 등록금을 내면서 대학병원에서 레지던트와 다름없는 월급을 받는 임상강사를 할 생각을 하니 무언가 잘못되었다는 느낌이 들었다.

학생 때는 열심히 공부만 하면 모든 문제가 해결되고 자유로워질 줄 알았는데 현실은 그렇지 않았다. 물론 내 앞에 놓인 의대 교수로 향하는 길은 안정적이고 많은 사람들이 부러워할 만한 것이었다. 하지만 한 번 뿐인 인생의 전부를 바치고 싶은 길은 아니었다. 그리고 사람들이 생각하는 것만큼 안정적인 길도 아니었다.

서울로 이사를 갈 방법을 알아보는 과정에서 부동산 투자를 공부하게 되었다. 그러다 우연히 접한 책이 이나금 대표의 저서 《나는 쇼핑보다 부동산 투자가 좋다》였다. 그것이 내 인생의 터닝포인트가 되었다.

나는 부동산 투자의 세계에 과감히 뛰어들기로 마음먹었고, 운이 좋아서 짧은 시간 내에 기대 이상의 수익을 냈다. 병원에만 있었으면 절대로 만나지 못했을 사람들과 소중한 인연도 맺었다.

나는 여기에서 멈추지 않고 새로운 분야에 도전했다. 〈한국 책쓰기 성공학 코칭협회(이하 한책협)〉를 찾아가 책 쓰기를 배운 다음 6개월 만에 개인저서 두 권을 집필해 출판사와 출간 계약을 맺었다. 이 책이 바로 그 두 권의 책 중 첫 번째 책이다.

아직도 내 주변에는 언제까지나 월급이 나올 것이라 믿으며 직장 생활에만 충실한 사람들이 많다. 여전히 학위, 영어 점수, 자격증, 인사고과 점수가 자신의 미래를 지켜 줄 것이라 믿으며 현재에 안주하고 있는 것이다. 그런데 내 주변에서 한 발자국만 더 나아가면 조금이라도 더 나은 미래를 손에 넣기 위해 고군분투하는 사람들이 많다. 그들은 고용주에게 잘 보이기 위해 억지로 스펙을 쌓지 않는다. '백발의 연금 수급자'보다 더 큰 꿈을 꾼다.

이 책에는 공부밖에 몰랐던 모범생이 세상에 눈을 뜨는 이야기가 담겨 있다. 겉으로 보기에는 사람이 갑작스럽게 변한 것처럼 보이지만 실제로는 오랫동안 많은 생각을 했음을 이 책이 말해 주리라 믿는다. 그리고 그 이야기가 여러분이 현실을 바라보는 시각에 긍정적인 영감을 주기를 소망한다.

이 책이 나오기까지 도움을 준 감사한 사람들이 많다. 가장 먼저 내게 새로운 세계를 보여 주고 인생을 바꿀 기회를 준 〈직장인을 위한 부동산 투자 연구소(이하 직부연)〉의 이나금 대표님께 깊은 감사를 전하며, 여러 차례 부동산 거래를 헌신적으로 도와주신 박순덕 이사님께도 감사를 전하고 싶다.

또한 나를 불과 몇 개월 만에 작가로 데뷔할 수 있도록 지도해 준 〈한책협〉의 김태광 대표 코치님과 〈위닝북스〉 출판사의 권동희 대표님께 감사의 말을 전하고 싶다.

모범적인 제자가 되길 거부한 나를 흔쾌히 받아 주신 서울대학교 병원 영상의학과 흉부 판독실의 모든 교수님들께도 감사를 전하며 늘 각자의 자리에서 열심히 살며 나에게 영감을 주는 선배, 동료, 친구, 후배들에게도 고마움을 전하고 싶다.

언제나 조건 없는 사랑을 주시는 부모님과 늘 힘이 되는 소중한 가족들에게 감사드린다. 마지막으로 언제나 나를 따뜻하게 응원해 주는 아내에게 깊은 사랑과 고마움을 전하며 이 책을 바친다.

2017년 9월

송용섭

대기업 취업이
성공이라고 착각하지 마라!

PART 2

성공에
아웃소싱은 없다

PART 3

아직도 스펙 쌓아서 성공하려고?

01

당신도
스펙 중독인가?

자신이 대중과 똑같아질 때는 잠시 쉬고 고민할 때이다.
– 마크 트웨인

지금 대한민국은 스펙 쌓기로 뜨겁다. 좋은 직장에 취직하기 위해 학점을 관리하고 자격증을 따며 토익 고득점을 노린다. 대부분의 대학생들은 취업을 하기 위해 스터디 그룹을 짜 공부한다. 그리고 남들과 똑같을 수 없다며 각종 공모전에 작품을 출품하고 방학 기간에는 기업에서 운영하는 인턴십 프로그램에 참가해 수료증을 모은다. 심지어 스펙을 쌓기 위해 창업하는 취업 준비생도 있다. 또한 외모도 스펙으로 간주하여 치아 교정과 피부 관리 등은 기본이다.

스펙은 대학생이나 취업 준비생에게만 해당되는 것이 아니다. 요즘 아이들은 걸음마도 시작하기도 전에 한글과 영어를 배우기 시작한다. 월 100만 원이 넘는 영어 유치원을 졸업하는 것을 시작으로 영어 말하기 대회가 있으면 앞다투어 응시한다. 초등학생이 토익이나 토플 시험을 보는 풍경도 이젠 낯설지 않다.

대학 입시는 성인이 되기 전에 쌓아 온 모든 스펙을 겨루는 전쟁터다. 나 역시 고등학생 시절에는 지금의 취업 준비생들에 뒤지지 않을 정도로 철저하게 스펙을 관리했다. 시험 기간에는 목숨 걸고 공부했다. 암기 과목은 교과서가 닳도록 밑줄을 치며 외웠고, 미술 성적이 안 나올 때는 미술 학원에도 다녔다. 또 체육 실기 시험으로 줄넘기 2단 뛰기가 있을 때는 새벽에 일어나 아파트 주차장에서 연습했다.

물론 성적이 스펙의 전부는 아니다. 나는 학생기록부에 '리더십을 갖춘 학생'이라는 말이 들어가길 원했다. 그러기 위해서는 적어도 한 번은 반장을 해야 했다. 하지만 나는 학급 임원에 나갈 만큼 친구들에게 인기가 있거나 나서는 것을 좋아하는 편이 아니었다. 하지만 포기하기 전에 기회가 찾아왔다. 2학년 때 새로 배정된 반에는 1학년 때 같은 반이었던 친구가 많았다. 반장을 안 해 보았다고 대학에 떨어지고 싶지 않았기 때문에 반장 선거에 억지로 나가서 반장으로 뽑혔다. 하지만 한 학기 내내 힘들었다. 대학 입시 때문에 반장에 나왔다고 뒷말이 많았기 때문이다.

내가 다닌 고등학교에서는 오직 1학년을 대상으로만 신규 동아리 회원을 모집했다. 처음에는 동아리 활동에 시간을 뺏기고 싶지 않아서 들지 않았다. 하지만 2학년이 되자 '동아리 활동을 열심히 했다'라는 학생부 기록이 갖고 싶어졌다. 그래서 만들어진 지 2년밖에 안 된 신생 동아리에 뒤늦게 가입했다. 역사가 긴 동아리와 달리 까다로운 규칙이 없었기 때문에 입부가 가능했다. 하지만 동아리에서 열심히 활동 중이었던 선후배들은 나의 속마음을 다 알고 있었다.

고등학생 시절 나의 관심은 오직 대학 입시뿐이었다. 수능을 준비하고 내신을 빈틈없이 관리하고 학생기록부에 적힐 말들을 신경 썼다. 내가 지원하는 대학에서 인정하지도 않은 경시대회에도 출전했다. 입상하면 지원서에 뭐라도 더 적을 수 있었기 때문이었다. 봉사활동 시간도 정해져 있는 시간보다 많이 채웠다. 입시 담당 교수들이 나를 착하고 봉사정신이 투철한 학생으로 생각해 주었으면 해서였다. 나 자신을 증명하고 포장하기 위해 치열하게 노력한 셈이다.

대학 입시에서나 기업에 입사할 때 자신이 다른 지원자보다 뛰어나다는 것을 증명할 방법은 몇 가지 없다. 면접관들은 그 사람의 진가를 파악하기 위해 많은 시간과 자원을 쏟을 여유가 없으므로 눈에 보이는 스펙을 보고 판단한다. 인기리에 방영되었던 드라마 〈하얀거탑〉에 이런 대사가 나온다.

"강한 놈이 살아남는 게 아니라 살아남는 놈이 강한 거야."

강하다는 것은 능력이고 살아남는 것은 결과다. 이것을 수능에 적용하면 '똑똑한 학생이 수능을 잘 보는 것이 아니라 수능을 잘 본 학생이 똑똑한 거야'라는 말이 된다. 학생이 평소 실력보다 수능을 못 보았을 가능성도 있다. 그래서 내신 성적도 확인하는 친절을 베푼다. 그러나 실제로는 둘 다 잘해야 '똑똑한 학생'으로 인정해 준다. 어느 하나라도 부족하면 안 된다.

취업도 마찬가지다. 기업은 스펙이 좋은 지원자를 뛰어난 지원자로 판단한다. 실제 실력이 좋은 지원자 중에는 스펙이 좋지 않은 사람도 있다. 가정 형편 때문에 좋은 대학을 나오지 못했을 수도 있다.

학력이 낮은 사람이 엄청난 성공을 거둔 사례는 많다. 하지만 그런 인재를 찾는 것은 어렵다. 자신의 잠재능력을 아는 사람이 얼마나 될까? 누구나 잠재능력이 있지만 그것을 발견해 내고 실제로 성과를 내기까지 많은 시간이 걸리거나 아예 발견조차 못하는 경우가 허다하다.

스펙은 영어 단어 'specification'에서 온 말이다. 사용 재료의 재질, 품질, 치수, 성능 등을 의미하는 단어다. 이 말이 구직자의 학력, 학점, 영어 점수, 자격증 등을 가리키는 말로 의미가 확장된 것이다. '나'라는 제품의 특징과 성능을 나타내는 '눈에 보이는' 척도다. 많은 사람들이 이런 스펙에 길들여져 있다. 만약 옆에 있는 사람과 자신을 비교할 때 위에 나열한 것들을 떠올린다면 이미 자신도 길들여져 있는 것이다. 결국 경쟁에서 이기기 위해 스펙을 쌓는 데 혈안이 된다.

대학병원에 근무하는 의사에게 가장 중요한 스펙은 논문이다. 많은 사람들이 대학병원의 교수는 의술이 가장 뛰어난 의사라고 생각하는데 반은 맞고 반은 틀리다. 대학병원마다 조금씩 다르지만 교수 임용에는 논문이 가장 중요하다. 수술을 아무리 잘 해도 논문 조건을 만족시키지 못하면 교수가 될 수 없다.

내가 전공한 영상의학과의 주된 일은 엑스레이와 같은 필름을 판독하는 것이다. 레지던트마다 판독 능력에는 조금씩 차이가 있다. 하지만 그 차이가 미세하기 때문에 유일하게 눈에 보이는 능력이 바로 논문이다. 내가 있던 의국에서는 한 달에 한 번씩 논문 미팅이 있었다. 모든 레지던트들의 논문 진행 상황을 발표하는 시간이었다. 많은 논문을 쓴 사람은 발표할 때마다 박수갈채를 받았고, 그렇지 못한 사람은 꾸지람을 들었다.

나는 의국의 규칙을 빠르게 이해했다. 영상의학과 의사의 본분인 판독 능력은 중요하지 않았다. 논문이 전부였다. 원래 나는 연구나 논문에 관심이 없었다. 하지만 여기에서는 중요한 스펙이었기 때문에 열심히 썼다. 그런데 논문은 영어로 써야 했다. 영어를 잘 못했기 때문에 남들보다 많은 시간을 투자해야 했다. 병원 일이 다 끝난 저녁은 물론 주말이나 공휴일에도 병원에 나와 논문을 썼다. 여름휴가 때 교수님들이 일하는 판독실에 가서 논문을 썼다. 논문에 미쳐 있다는 인상을 주고 싶었기 때문이다.

나의 전략은 통했다. 교수님들은 나에게 더 많은 논문을 맡겼다. 점점 더 바빠졌지만 개의치 않았다. 학회에서 저술상을 두 번이나 받았다. 나는 내가 동료들보다 더 훌륭한 레지던트라는 착각에 빠져 있었다. 논문이라는 스펙만으로 나와 동료의 능력을 비교하고 있었던 것이다. 나는 원래 판독을 잘하는 '의사'가 되고 싶었다. 하지만 정신을 차려 보니 판독은 뒷전이고 논문에만 매달리는 '연구자'가 되어 있었다.

스펙은 타인이 정해 놓은 기준이다. 처음에는 진학이나 취직을 위해 어쩔 수 없이 스펙을 쌓기 시작한다. 하지만 스펙 쌓기가 반복되다 보면 자신도 모르는 사이에 스펙에 길들여진다. 스펙을 기준으로 자신과 타인의 능력을 비교하기 시작한다. 결국 낙오자가 되지 않기 위해 끊임없이 스펙을 쌓게 된다. 영어 점수를 올리고 자격증을 딴다. 레지던트라면 남들이 논문 한 편 쓸 때 두 편은 써야 한다. 반대로 근속 연수가 스펙의 전부인 곳도 있다. 그러면 모든 자기계발을 멈춰 버린다. 무엇을 해도 따라잡을 수 없고, 아무것도 하지 않아도 따라잡히지 않기 때문이다. 스펙이 자기 발전의 기준이 되는 것이야말로 스펙 중독이다. 이제 당신도 스펙 중독은 아닌지 스스로 질문해 볼 시간이다.

왜 자꾸 스펙에
집착하는가?

자신이 대중과 똑같아질 때는 잠시 쉬고 고민할 때이다.
– 마크 트웨인

2003년에 서울대학교 의과대에 입학했을 때, 수시로 입학한 학생이 100명 중 30명이었다. 그들 중 대부분이 과학고 출신들이었다. 그들은 모두 수학이나 과학 올림피아드에서 메달을 받은 경력이 있었다. 국제 올림피아드 금메달도 있었다. 나도 고등학생 때 한국수학올림피아드에 도전한 적이 있었다. 본선 첫째 날 세 문제가 출제되었는데, 네 시간 반 동안 한 문제도 못 풀었다. 둘째 날도 마찬가지였다. 고등학교에서 배우는 수학 지식으로는 어림도 없었다. 이런 경시대회에서 메달을 받은 수재들이 서울대학교 의과대에 다 모여 있었다.

그들은 왜 자신이 상까지 받은 분야를 선택하지 않았을까? 물론 그때도 지금처럼 의과대의 인기가 하늘을 찔렀다. IMF의 여파로 다른 이공계 과의 인기가 떨어졌기 때문이다. 하지만 그들은 올림피아드 메달을 딸 만큼 수재들이었다. '그들이 이 분야에서 성공하지 못한다면 과연 누가 성공할 수 있을까'라는 생각이 들었다.

그들 대부분은 어릴 때부터 영재교육을 받았다. 초등학생 때부터 각종 경시대회에 출전했고, 중학생 때부터 과학고등학교 입시를 위해 철저하게 내신을 관리하고 경시대회 수상 경력을 쌓았다. 과학고등학교 입학은 웬만한 명문대 입학보다 어렵다. 입시 학원은 기본이고 고액 과외를 받기도 한다.

과학고등학교에 입학하면 수재들 간의 피 말리는 전쟁이 시작된다. 어려운 점은 두 가지다. 하나는 모두가 공부를 잘한다는 것이고, 하나는 전체 학생 수가 적다는 것이다. 내가 나온 인문계 고등학교는 한 학년이 900명이었다. 하지만 과학고등학교는 이 정원의 삼 분의 일도 안 되었다. 백분율로 내신을 평가하면 과학고가 매우 불리했다. 그래서 그들은 더욱 경시대회 수상 경력에 매달리게 되는 것이다.

올림피아드 입상자들은 그 분야에 특별한 재능을 가지고 있었다. 하지만 반드시 그 분야에서 성공하겠다는 꿈이나 목표는 없었던 것 같다. 내가 지켜본 과학고 출신 대부분은 의대에 잘 적응했기 때문이다. 올림피아드 메달은 단지 입시 스펙이었다. 의대를 졸업하고 자신의 꿈을 따라 의사가 아닌 길을 택한 친구도 있었다.

하지만 소수에 불과했다.

우리나라는 교육열이 매우 높다. 미국 오바마 전 대통령이 칭찬했을 정도다. 어려운 시대를 보낸 부모 세대는 자식들이 더 나은 삶을 살기를 원했다. 그러기 위해서는 교육밖에 없다고 생각했다. 과거에는 명문대학교를 나와 좋은 직장에 취직하면 안정된 삶을 살 수 있었다. 이제는 그들이 부모가 되어 더 높은 교육열을 만들어 내고 있다.

대부분의 사람들은 공부를 열심히 해서 훌륭한 사람이 돼야 한다고 생각한다. 그런데 맹목적으로 성적만 관리하다 보면 어느새 지치게 마련이다. 자신의 꿈조차 사라진다. 그저 쉬고 싶어지지만 또 불안한 마음이 들어 제대로 쉬지도 못한다. 그래서 결국 자의 반 타의 반으로 스펙에 집착하며 살게 된다.

나는 내가 의사가 될 줄은 꿈에도 몰랐다. 내가 제일 좋아하는 것은 컴퓨터 게임이었다. 초등학생 때는 밥 먹는 시간 빼고는 게임기와 컴퓨터 앞에만 앉아 있었다. 중학생 때는 오락실에서 살다시피 했다. 수험생 시절에도 게임하는 낙으로 살았다. 학원 수업이 밤 10시에 끝나면 친구와 오락실에 가서 밤 11시까지 게임을 했다. 워낙 게임을 좋아하다 보니 그때는 내가 컴퓨터 공학을 전공할 것이라고 막연하게 생각했었다.

그러던 어느 날 친구와 이야기를 하던 중 친구가 대뜸 나에게

“너 한의대 가라.”라는 말을 했다. 그러고는 한참 동안 대한민국 이공계의 붕괴에 대해서 이야기했다. 그가 들은 학교 선배들의 취업 고민과 좌절도 세세하게 들려주었다. 컴퓨터 공학과를 가봤자 취직도 못하고 인생이 힘들어질 것이라는 말이었다.

나는 그의 말을 듣고 큰 충격에 빠졌었다. 하지만 곰곰이 생각해 보니 친구의 말이 맞았다. 나는 게임을 좋아하는 것일 뿐 컴퓨터 공학자가 장래 희망은 아니었다. 그저 학교 졸업 후 실컷 게임이나 하고 싶을 뿐이었다. 일단 좋은 대학교에 가면 눈치 보지 않고 놀 수 있을 것 같았다. 그래서 인기가 하늘을 찌르던 경희대학교 한의대를 목표로 공부하기 시작했다.

얼마 뒤 수능을 무사히 보고 목표한 대로 가군과 다군에 경희대 한의학과를 지원했다. 나군에는 담임선생님과 부모님의 권유로 서울대학교 의과대학과를 지원했다. 의사가 될 생각은 없었지만 한의대에 떨어질 경우를 대비해서 의과대학 면접도 철저하게 준비했다. 결과는 두 곳 모두 합격이었다. 나는 처음 생각한 대로 한의대를 가려고 했지만 주변에서 반대했다. 수능 커트라인은 비슷했지만 서울 의대가 더 유망하다는 이유였다. 결국 나는 의대를 선택했다.

의대에 와 보니 나처럼 점수에 맞춰서 자신의 진로를 선택한 친구들이 많았다. 오히려 어렸을 때부터 의사가 꿈인 친구들은 찾아보기 힘들었다. 자신의 미래가 불안하니 의사라는 직업으로 그 미래를 보장받으려고 열심히 노력해서 온 경우들이 많았다. 하지만 의과대학에 입학했다는 것만으로 모든 것이 끝나지 않았다. 인기 과에 가기 위한 학점 경쟁이 기다리고 있었기 때문이다. 하고 싶은 전공이 없더라도 일단 학점을 잘 받아야 안심할 수 있었다.

의과대학 교육 과정은 예과 2년과 본과 4년으로 나뉜다. 이 중 본과 성적이 더 중요하다. 예과 2년은 학점에 대한 부담감 없이 교양 과목을 듣는 기간이다. 하지만 본과 때 듣는 전공과목을 미리 신청해서 예습을 하는 친구들도 있었다. 학점 관리를 미리 시작한 것이다. 나는 본과 1학년 첫 수업 날 새벽을 생생히 기억한다. 큰 강의실에서 편입생까지 150명 정도가 같이 수업을 들었다. 대부분 앞자리에서 수업을 듣고 싶어 했다. 나도 그중 한 명이었다. 그래서 새벽같이 일어나 서둘러 기숙사를 나와 강의실로 향했다. 그런데 가는 길에서 수십 명의 동기들과 마주쳤다. 이미 그들은 자리를 맡고 나오는 길이었다.

수업이 끝나면 필기를 보여 주거나 베끼는 게 일이었다. 경쟁자에게 필기를 빌려주는 것도 쉽지 않은 일이었지만, 필기를 빌린 다음에 고의로 안 돌려주는 사람도 있었다. 대학교 학점은 상대평가로 이루어진다. 그래서 다들 속이 좁아질 수밖에 없었다. 학점에 모든 미래가 걸려 있다고 생각했기 때문이다. 하지만 동기들 중 몇 사람은 학점에 초연했다. 그들은 관심 있는 과목만 열심히 공부했다.

나는 그들을 한심하게 생각했다. 학점을 관리해 놓지 않으면 받아 주는 곳이 없어 곤란해질 것이라고 생각했다. 하지만 내 생각은 틀린 생각이었다. 그들은 목표와 인생관이 뚜렷했다. 시대에 따라 변하는 인기 과가 아니라 자신이 진짜 전공하고 싶은 과가 있었기 때문이다. 경쟁이 치열한 과가 아니라면 학점에 연연할 필요가 없는 것이었다. 자신이 관심 있는 과목에만 집중하면 충분했다.

스펙을 쌓지 말라는 말이 아니다. 당장 목표가 없을지라도 스펙은 쌓아 두는 것이 좋다. 수준 높은 스펙은 그만큼 선택의 폭을 넓혀 주기 충분하기 때문이다. 하지만 하루라도 빨리 자신이 정말 하고 싶고, 되고 싶고, 이루고 싶은 것 등을 찾아야 한다. 그것을 찾기 위해서는 치열하게 고민도 해야 한다.

프랑스의 시인이자 비평가인 폴 발레리는 "생각대로 살지 않으면 사는 대로 생각하게 된다."라고 말했다. 마찬가지로 목적 없이 스펙만 쌓으면 스펙이 인생의 목적을 결정하게 된다. 그동안 쌓은 스펙이 아깝다는 이유로 남들이 좋다는 선택만 할 수는 없을 것이다. 목표가 없는 스펙 쌓기는 집착이 되기 쉽다. 인생의 중요한 결단을 미루는 행위이자 불안함을 잊기 위한 도피에 불과할 뿐이다.

나는 공중보건의가 되고 나서 2년 동안 영어 공부를 했다. 영어를 공부하면 언젠가 도움이 될 것이라 생각했다. 하지만 2년 내

내 공부해도 영어 실력은 조금도 나아지지 않았다. 가장 큰 원인은 내게 영어 공부를 해야 할 이유가 없었다는 점이다. 목표가 없는 스펙 쌓기는 효율도 그만큼 나쁘다. 곧 인생을 낭비하고 있다는 생각이 들었다. 자신이 만약 지금도 스펙을 쌓고 있는 중이라면 잠시 책을 덮고 스스로에게 질문을 해 보자. 자신의 단기 목표와 장기 목표가 무엇인지 떠올려 보는 것이다. 그리고 그 목표와 지금 쌓고 있는 스펙이 일치하는지 생각해 보자.

03

왜 다들 대학원에
가려고 난리지?

경쟁 우위가 없다면, 경쟁하지 마라.
– 잭 웰치

우리나라의 의무 교육은 중학교까지다. 하지만 중학교 졸업자의 90% 이상이 고등학교에 진학한다. 피치 못할 사정이 없는 한 고등학교에 갈지 말지 고민하는 학생은 별로 없는 것이다. 고등학교 졸업 뒤 대학교 진학률은 2014년 OECD 회원국 가운데 가장 높은 70.9%를 기록했다. 대학을 나오지 않으면 사람 취급을 못 받는다는 말조차 있다. 이제는 대학원 진학도 흔한 일이다. 석사는 물론 박사도 넘친다. 주위를 살펴보아도 학사보다 석사나 박사가 더 많다.

학사만으로는 취업의 문을 뚫기 어렵다. 석사를 취득해도 박사에게 무시당한다. 박사 과정을 마쳐도 해외 유학파에게 밀리기 쉽다. 학위가 높을수록 높은 연봉을 받지만 투자한 학비와 세월을 보상받을 수 있을지는 의문이다. 학위 논문이 한참 동안 통과되지 않을 수도 있다. 박사가 되도 운이 나쁘면 10년 동안 포닥(박사 후 연구원) 생활을 해야 할 수도 있다. 과정을 마치느라 늦게 취직했다고 정년을 연장해 주지도 않는다.

내 주변에는 대학원을 나온 의사들이 많다. 나 또한 레지던트 시절 의학 석사를 취득했다. 대학원에서 배웠던 지식 중 진료에 도움이 되는 것은 거의 없었다. 먼저 대학원을 들어간 선배 의사들도 출석 체크를 하지 않고 과제가 적은 과목을 추천했다. 그때 배운 내용 중 기억나는 것은 하나도 없다.

대학원 한 학기 등록금은 600만 원이 넘는다. 하지만 그것은 수업료가 아니다. 학위 값이다. 2,500만 원을 내고 2년이 지나면 석사를 준다. 석사를 취득하면 박사 과정에 들어갈 수 있다. 박사 과정 등록금도 비슷하다. 결국 박사까지 총 5천 만 원이 든다. 짧아도 4년은 걸린다. 까다로운 학위 논문 통과 조건은 별도로 박사 과정을 수료하고도 논문이 통과되지 않아 오랫동안 고생하는 사람도 있다.

의대 교수가 꿈이라면 반드시 박사 학위가 있어야 한다. 하지만 대학이 아닌 일반 병원에 있는 의사도 박사인 경우가 많다. 학위는 진료 능력과 관계없다는 것을 모르는 환자들에게 어필할 수 있기 때문이다. 그래서 자세히 살펴보면 박사를 취득한 게 아니라 박사 과정을 수료만 한 경우도 있다. 하지만 내 주위에는 자의 반 타의 반으로 대학원을 다닌 의사들도 많다. 남들이 하니까 나도 한다는 식이다. 남들은 다 석사나 박사인데 자신은 학사인 채로 남아 있으니 뒤처지는 기분이 드는 것이다.

의대 교수들도 당연히 대학원을 졸업해야 한다고 거든다. 의사들은 학생 때부터 모범생인 경우가 많아서 대세를 거스르지 못한다. 대학원에 가기 싫다고 입버릇처럼 말하면서도 지원서를 넣는 사람을 여럿 보았고, 나 역시 마찬가지였다.

학위가 높아질수록 전공도 세밀해진다. 어떤 과목이든 처음에는 개론을 배운 다음 심화 과목을 배운다. 어느 교수님은 나에게 'T'자 형태로 지식을 쌓으라고 충고했다. 전반적으로 얕게 알되 한 분야에 대해서는 깊게 파고들라는 의미였다. 의사들의 트레이닝 과정도 이와 같다. 처음 의대를 졸업했을 때는 의학 전반에 대해 알고 있다. 하지만 레지던트가 되면 그 전공에 관련된 지식 외에는 거의 잊어버린다. 의대생보다 못한 수준까지도 떨어진다. 정형외과 의사가 심폐소생술 상황을 맞닥뜨리면 "의사 불러!"라고 외친다는 우스갯소리도 있을 정도다.

내가 속한 영상의학과는 의료 영상 판독에 특화되어 있다. 대부분의 영상의학과 의사는 환자를 직접 진료하지 않는다. 그래서 나는 비행기를 탈 때마다 비행 중에 환자가 생기지 않기를 기도한다. 응급 환자를 볼 자신이 없기 때문이다. 때로는 내가 의사가 맞나 하는 자괴감마저 든다. 요즘은 의사들이 전문의가 된 다음 세부 전공 과정인 펠로우(전임의) 과정을 밟는다. 의료 영상도 모든 부위를 판독하지 않고 뇌나 폐 등으로 나눠서 판독한다. 세부 전공으로 선택한 분야에는 더욱 전문가가 되겠지만 다른 분야의 능력은 점점 잃게 되는 것이다.

"최후까지 살아남는 종은 가장 강하거나 영리한 종이 아니라, 변화에 가장 잘 적응하는 종이다."

진화론을 주장한 생물학자 찰스 다윈의 말이다. 세상은 매순간 빠르게 변하고 있다. 기업에서 요구하는 전문 지식도 하루가 다르게 변하고 있다. 하지만 특정 분야를 너무 오래 공부하면 변화에 적응하기 힘들다. 세부 전공에 맞는 일자리가 줄어들어도 투자한 시간과 돈 때문에 포기할 수 없게 되는 것이다.

대학 교수는 자신이 선택한 학문에 대단한 애정과 자부심을 가지고 있다. 연구비를 받아서 좋은 논문을 쓰는 것이 가장 큰 관심사다. 새벽부터 밤늦게까지 연구실에만 있는 교수도 있다. 학문이 아닌 것은 덜 중요하다. 가정을 버렸다고 자랑하는 교수도 있었다. 돈 버는 것도 부차적인 문제다. 나는 교수 중에 자수성가한 사람을 보지 못했다. 돈 걱정 없이 연구에 집중할 수 있는 가정환경에서 자란 경우가 더 많았다. 그렇지 않은 교수는 대학원에서 강의를 하고 학위 논문을 심사한다.

교수는 평생을 학교 안에서 보낸 사람이다. 대학 교수가 꿈이라면 그들을 본받아야겠지만 그렇지 않다면 그들의 말을 걸러 들을 필요가 있다. 그들이 평생을 바쳐 온 학문이 뜻깊을 수는 있어도 세상이 필요로 하지 않는 지식일 수 있다. 배워 두면 도움이 된다거나 학위를 받아서 손해 볼 것 없다는 모호한 말에 현혹되지 말자. 대학원 진학을 고민하고 있다면 대학원을 졸업한 사람뿐만 아니라 고민 끝에 포기한 사람도 만나서 이야기를 들어 봐야 한다.

요즘에는 대학교를 가지 않고 공무원 시험을 준비하는 고등학생들이 많다. 공부하고 싶은 전공이 없다면 현명한 판단이라고 생각한다. 대학을 졸업한 사람보다 낮은 호봉으로 시작하겠지만 대학교 등록금과 4년이라는 시간을 벌 수 있다. 사회 경험도 일찍 쌓을 수 있다.

나는 대학병원의 교수가 되는 길을 접었다. 종신재직권(Tenure)을 받은 교수가 되면 정년까지 일할 수 있다. 은퇴할 때 제자들이 불러 주는 스승의 은혜도 들을 수 있을 것이다. 하지만 교수가 되기 위해서는 박사 과정을 밟아야 하고 임상 강사처럼 낮은 임금을 받는 계약직 기간을 버텨야 한다. 심지어 기다린다고 해서 반드시 교수가 되는 것도 아니다. 열심히 일한 끝에 다른 병원으로 쫓겨나는 경우도 숱하게 보았다.

나는 내 일을 좋아한다. 하지만 어디까지나 직업이다. 먹고살기 위해 선택한 수단이다. 대학 교수가 되면 앞으로 30년은 일할 수 있다. 하지만 일반 병원에 취직하면 언제까지 근무할 수 있을지 모른다. 취직한 병원의 병원장 마음대로다. 그 병원이 갑자기 망할 수도 있고, 시장 상황에 따라 몸값이 반 토막 날 수도 있다. 하지만 내 경우 당장은 더 많은 돈을 벌 수 있다. 기회비용까지 포함해 평균적으로 두 배 이상 번다면 10년 뒤에 실직자가 되어도 괜찮다. 일찍 모은 목돈을 투자해 더 큰 부를 이룰 수 있기 때문이다.

대학원이나 대학교에 가고 싶다면 수익률을 계산해 보자. 스펙을 쌓는 것은 금융상품에 투자하는 것과 같다. 그 수익률이 매력적이지 않다면 과감히 포기해야 한다.

나는 석사 과정을 밟고 나서야 그것이 손해 보는 투자였다는 것을 깨달았다. 수익률을 계산할 때, 원금에는 학비를 포함한 모든 기회비용이 들어가야 한다. 기회비용 중에는 시간이 가장 중요하다. 이 책을 끝까지 읽으면 시간이 얼마나 큰 기회비용인지 알게 될 것이다.

04

스펙이 과연
인생 성공의 열쇠일까?

누구도 해낸 적인 없는 성취란,
누구도 시도한 적 없는 방법을 통해서만 가능하다.
– 프랜시스 베이컨

사람마다 성공의 기준은 다르다. 그것은 노벨상일 수도 있고 유명한 연예인이 되는 것일 수도 있다. 좋은 배우자를 만나 행복한 가정을 이루는 것으로 충분한 사람도 있다. 건강이 최고라고 말하는 사람도 있을 것이다.

내가 생각하는 성공의 기준은 자유다. 자유란 '하고 싶은 일'을 마음껏 할 수 있는 상태다. 그러기 위해서는 '해야만 하는 일'이 없을수록 좋다. 대부분의 사람들에게 해야만 하는 일은 돈을 버는 것이다. 직업도 돈을 벌기 위한 수단이다. 그러나 단지 돈을 목적으로 지금의 직업을 선택하지 않았다고 말하는 사람들도 있을 것이다. 하지만 아무리 좋아하는 일이라도 무급으로 일을 한다고 생각해 보자. 이런 이유로 돈은 결코 사소한 이유가 아닐 것이다. 실제로 많은 사람들이 '돈'을 성공의 기준으로 삼는다. 적어도 우리는 자수성가한 사람을 떠올릴 때 가난한 사람을 떠올리지 않으니 말이다.

스펙과 수입은 어느 정도 비례한다. 명문대를 졸업하고 영어 점수가 높고 자격증을 여러 개 가지고 있으면 몸값이 올라간다. 선택할 수 있는 직장의 폭도 넓어지고 연봉 협상도 유리하다.

학위가 높으면 입사할 때부터 높은 직급으로 시작할 수 있다. 돈을 잘 버는 전문직인 의사나 변호사가 되려면 학창 시절부터 성적이 좋아야 한다. 하지만 자세히 들여다보면 스펙이 전부는 아니다. 의사의 경제적 성공은 스펙과 큰 연관성이 없다. 가장 돈을 많이 버는 의사는 대학병원 교수가 아니다. 자기 병원을 소유한 개원의다.

학점이나 학위 같은 스펙이 아니라 실력이 좋아야 한다. 여기에 마케팅과 경영도 중요하다. 권위를 버리고 서비스 마인드를 갖춰야 한다. 개원의는 의사이면서 기업가다. 안정된 수입은 바랄 수 없지만 월급을 받는 봉직의의 몇 배의 수익을 낼 수 있다.

'오라클메디컬그룹'은 국내에 40여 개 지점과 중국과 일본을 포함한 해외 30여 개 지점을 보유한 네트워크 병원 그룹이다. 피부과 분야의 세계 1위 그룹이다. 청담 지점에 가 보면 중국이나 일본에서 찾아온 고객들로 인산인해를 이룬다.

그룹의 대표인 노영우 원장은 충남의대 출신의 피부과 전문의다. 병원 홈페이지에서 찾아볼 수 있는 그의 스펙은 이것이 전부다. 하지만 그가 고용한 100여 명의 의사 중에는 석사나 박사는 물론 대학 교수 출신도 있다.

의사의 수입은 스펙이 아니라 전공에 따라 크게 달라진다. 가정의학과는 대체로 다른 전문의보다 봉급이 적다. 어느 대학을 나왔든 박사 학위가 있든 없든 상관없다. 흉부외과는 레지던트가 미달되는 대표적인 과다. 일자리가 적고 있어도 봉급이 낮기 때문이다. 서울대학교 의과대를 졸업했지만 전공 때문에 다른 병원으로 간 사람도 많다. 내 동기 중에는 피부과를 전공하기 위해 한림대학교 병원에서 인턴을 한 사람도 있다. 피부과 교수가 목표가 아닌 이상 서울대학교 병원 출신에 집착할 필요가 없기 때문이다. 한림대학교 병원은 서울대학교 병원보다 인턴 일이 편했고, 피부과의 경쟁률이 낮았다. 그는 자신이 원하던 대로 피부과 전문의가 되었다.

우리나라 영어 교육 시장 규모는 2015년 기준 15조 원에 달할 정도로 크다. YBM을 비롯해 수많은 영어 학원이 치열하게 경쟁하고 있다. 학원에 소속된 영어 강사의 수는 셀 수도 없을 정도다. 이 시장에서 성공한 사람은 어떤 스펙을 갖추고 있을까?

'시원스쿨'의 이시원 대표는 중학교 2학년 영어 시험에서 전교 꼴지를 했다. 그는 영어 울렁증이 있었기 때문에 원어민 선생님과 상담을 하다가 쓰러지기도 했다. 그는 17살 때 캐나다로 이민을 가게 되면서 살아남기 위해 영어 공부를 시작했다. 그때 터득한 그만의 영어 공부 방법으로 1인 기업 '시원스쿨'을 설립했다. 2005년에 투자금 100만 원으로 시작한 '시원스쿨'은 11년 만에 연매출 400억 원을 기록했다.

나도 그의 강의를 들었다. 그의 강의는 독특하고 재미있었다. 하지만 내가 보았던 영어 강사 중 가장 영어를 잘하는 강사라는 생각은 안 들었다. 많은 영어 강사가 이시원 대표처럼 외국에서 살다 온 경험이 있다. 영문학이나 영어 교육을 전공한 사람도 있다. 하지만 그만큼 성공한 강사는 드물다. 이시원 대표의 성공은 영어와 관련된 스펙으로 설명하기 어려운 것이다.

스펙과 돈 버는 능력은 일치하지 않는다. 수능 성적 상위 1% 안에 든다고 대한민국 상위 1% 안에 드는 부자가 되는 것이 아니지 않는가. 스펙은 성과가 없는 사람이 자신을 증명하는 수단이다. 그래서 스펙의 종점은 월급을 많이 받는 월급쟁이다. 물론 월급쟁이도 출세하면 회사 임원이나 CEO까지 올라갈 수도 있다. 이들은 엄청난 연봉을 받는다. 하지만 그렇게 되기 위해서 필요한 것은 스펙이 아니라 성과다. 사내 정치도 중요하고 운도 필요하다.

임원이 되지 못한 대부분의 월급쟁이가 맞닥뜨리는 현실은 '사오정'과 '오륙도'다.

크게 성공한 사람 중에도 스펙이 낮은 사람이 많다. 중국 최대의 전자상거래 업체 '알리바바'를 세운 마윈은 월급 15달러를 받던 영어 강사였다. 고(故) 정주영 현대그룹 회장은 소학교(초등학교) 졸업이 최종 학력이다.

발명왕 에디슨은 초등학교 3학년 때 퇴학당했다. 애플의 스티브 잡스는 리드 대학교를 자퇴했고, 마이크로소프트의 빌 게이츠도 하버드 대학교를 자퇴했다. 파나소닉을 세운 마쓰시타 고노스케도 간사이 상공학교를 중퇴했다. 하지만 이들은 너무나 전설적인 인물이다. 그러나 예외인 사람도 있을 것이다. 그래서 스펙과 상관없이 성공한 다른 인물을 소개해 보겠다.

나는 점심시간에 종종 유튜브를 본다. 내가 즐겨 보는 동영상은 유명 BJ '대도서관'의 게임 방송이다. 그는 고등학생 때 부친이 사망하면서 대학 진학을 포기했다. 군대에서 제대한 후 라디오 DJ를 하다가 친구의 제안으로 IT 업계에서 일하기 시작했다. 능력을 인정받아 정식 직원이 되었지만 그는 고졸이라는 한계에 부딪혀야 했다. 개인을 브랜딩할 방법을 찾고 있던 그는 회사를 그만두고 인터넷 방송을 시작했다. 그는 SBS 〈동상이몽, 괜찮아 괜찮아!)에서 유튜브 수익과 광고 수익으로 한 달에 5천만 원 정도 번다고 밝혔다.

나는 그의 수입을 처음 알았을 때 충격을 받았다. 나도 게임을 좋아했지만 먹고살기 위해 게임을 줄이고 공부를 했다. 하지만 그는 좋아하는 게임을 마음껏 하면서 엄청난 수입을 올렸다. 그가 올리는 수입은 내가 미래에 받을 수 있는 월급보다도 높았을 뿐만 아니라 그처럼 고수익을 올리는 BJ도 많았다. 국내뿐만 아니라 해외도 마찬가지다. '퓨디파이'라는 닉네임으로 유튜브 게임 리뷰 채널을 운영하는 스웨덴 출신의 펠릭스 아르비드 울프 셀버그는 2014년에만 83억 원을 벌었다. 그도 대학교를 중퇴한 경력이 있다.

세상에는 스펙과 상관없이 크게 성공한 사람들이 많다. 그들의 성공에는 스펙이 중요하지 않았다. 성공에 이르는 길은 다양하다. 스펙은 그중 하나에 불과한 것이다. 오히려 스펙 경쟁에서 이기는 것이 더 어려울 수 있다. 뛰는 놈 위에 나는 놈이 있기 때문이다.

당신이 생각하는 성공의 기준은 무엇인가. 그 기준을 정했다면 성공하기 위해 필요한 것이 무엇인지 다시 고민해 보자. 열린 마음으로 다양한 성공 사례들을 검토해 보면, 성공의 문을 여는 열쇠는 스펙이 아님을 알게 될 것이다.

05

스펙은
취업 도구일 뿐이다

나는 그저 나보다 머리가 좋은 사람들을 채용했을 뿐이다.
― 록펠러

2016년 서울대학교 신입 교직원 28명을 모집하는 데 2,059명의 지원자가 몰렸다. 경쟁률 73.5:1로 역대 최고치였다. 성균관대학교는 200:1에 육박했고 연세대학교도 꾸준히 100:1 수준의 경쟁률을 기록하고 있다. 근무 조건이 좋고 정년이 보장되기 때문에 취업 준비생 사이에서는 '신의 직장' 또는 '제2의 공무원'이라고 불린다. 경쟁률이 높은 만큼 전문 자격증이나 만점에 가까운 영어 점수도 필수다. 세종대학교 일반 사무직 채용에 지원하려면 토익 950점 이상과 중국어 신HSK 5급을 충족해야 한다.

국내 대학교에 다니는 학생은 대부분 한국인이다. 교직원이 다루는 문서도 대부분 한글이다. 그런데 영어 강사를 해도 될 정도의 토익 점수는 왜 요구할까? 그것은 순전히 경쟁률 때문이다. 지원자가 공평하다고 느끼게 만들기 위해 만든 기준인 것이다. 지원자들도 스펙으로 서로를 비교하기 때문이다. 결국 그들은 업무 수준보다 훨씬 높은 수준의 스펙을 쌓게 된다.

레지던트로 일할 때 의국에서 운영하는 동물 실험실에서 일한 적이 있었다. 그곳에는 3명의 계약직 방사선사들이 일하고 있었다. 그들은 동물 털 깎는 일 같은 궂은일을 도맡아 했다. 커다란 개에게 마취 주사를 놓는 위험도 무릅썼다. 동물 실험실에서 일한 경력이 있으면 서울대학교 병원 입사 면접 때 높은 가산점을 받을 수 있기 때문이다. 그들 중 한 명은 3년째 그 일을 하고 있었다.

서울대학교 병원은 방사선과 출신들 사이에서는 꿈의 직장이다. 정직원이 되면 정년이 보장되고 좋은 조건으로 일할 수 있기 때문에 방사선과를 수석으로 졸업한 학생들이 전국에서 몰려든다. 1차 서류 전형에서는 토익 점수가 가장 중요하다. 그래서 젊은 방사선사들의 토익 점수는 매우 높다. 하지만 방사선사로 일하면서 영어를 쓸 일은 거의 없다. 스펙을 만들기 위해 쌓은 지식은 취직하는 순간 무용지물이 되기 싶다. 경쟁률이 높은 곳에 지원했다는 이유만으로 일할 때 쓰지도 않을 지식을 습득한 것이다.

젊은 방사선사들은 윗세대보다 스펙이 월등히 좋지만 똑같은 대우를 받는다. 스펙이 아니라 근속 연수에 따라 임금을 받기 때문이다.

스펙은 입학이나 취직하는 순간에만 가치를 발휘한다. 입시나 취업의 관문을 통과하고 나면 이전의 스펙은 의미가 없어지기 때문이다. 고등학교 내신 성적이나 수능 점수는 대학 입시에만 쓰인다. 토익 점수는 취직할 때만 필요하다. 입사하면 전공과 상관없이 직무 교육을 새로 받는 경우가 많다. 행정학을 전공한 신입사원이 컴퓨터 코딩을 하게 되는 경우도 보았다.

대학에서 배우는 지식과 직업이 일치하는 전문직도 크게 다르지 않다. 의대생 시절 성적은 레지던트가 되는 순간 무의미해진다. 시험 공부를 하면서 외웠던 수많은 지식도 잊게 된다. 자신이 선택한 전공에 필요한 공부를 다시 해야 한다. 학생 때는 성적이 좋았지만 인턴이나 레지던트 때 평가가 형편없는 경우도 많다.

의과대학 교수가 되는 데도 학점은 중요하지 않다. 논문이 가장 중요하다. 학생 때 성적이 안 좋았지만 연구 실적이 좋아 교수가 된 경우가 드물지 않다. 레지던트도 논문을 많이 쓰고 병원 일을 빨리 익혀야 좋은 평가를 받는다.

영상의학과 레지던트 동기 중 교수들로부터 가장 좋은 평가를 받았던 친구는 학점이 좋지 않았다. 반면 나는 9명 중 두 번째로 학점이 높았다. 한 교수님은 나와 그 친구를 비교하며 학점은 믿을 게 못 된다고 꼬집었다. 그때는 몹시 자존심이 상했다. 하지만 취직 후 새로운 규칙에 적응하지 못했던 것은 나였다. 학점이라는 스펙의 유통 기한이 이미 끝났다는 것을 몰랐던 것이다.

스펙을 자신의 능력이라 착각하면 안 된다. 의과대학 수석 졸업이라고 가장 훌륭한 의사인 것은 아니다. 사법연수원 시절의 높은 성적이 높은 승소율을 보장하지는 않는다. 똑같은 토익 만점자라도 영어 실력은 천차만별이지 않는가.

개인 재무설계(AFPK)나 국제 공인재무 설계사(CFP) 자격증이 있다고 투자의 귀재가 되지 않고, 부동산자산관리사 자격증이 있다고 부동산 부자가 되는 것도 아니다. 대부분의 스펙은 시험 문제를 잘 풀어서 쌓은 것이다. 실전에 바로 쓸 수 있는 진짜 실력이 아니다.

스펙으로 할 수 있는 것은 취직뿐이다. 즉, 월급쟁이가 되어 남을 위해 일하는 사람이 되는 것이다. 물론 월급쟁이도 억대 연봉을 받을 수 있다. 하지만 자신이 회사에 벌어다 주는 돈보다 결코 많이 받을 수 없다. 기업의 연구원이 되어서 발명을 해도 특허는 회사가 가져간다. 그렇기 때문에 스펙 쌓기는 수익률이 나쁜 셈이다.

취직을 위한 스펙 쌓기에서 눈을 돌리면 전혀 새로운 세상이 펼쳐져 있다. 가장 대표적인 것이 '스펙 사업'이다. 토익 고득점을 받은 사람보다 토익을 가르치는 사람이 돈을 더 많이 번다. 자격증을 따는 사람보다 자격증을 발급해 주는 기관이 돈을 더 많이 버는 것이다. 스튜어디스보다 스튜어디스 학원을 운영하는 사람이 돈을 더 많이 번다. 이런 사업은 입시나 취업 경쟁이 치열해질수록 번창한다.

'손사탐'이라는 별명을 가진 손주은 대표는 온라인 교육 학원 '메가스터디'의 설립자다. 그는 서울대학교 서양사학과를 졸업했다. 하지만 결혼 후 생계를 위해 과외를 본격적으로 시작하면서 사교육에 발을 들여놓게 되었다. 그는 혼자서 고3 전 과목을 가르쳤다. 처음 가르쳤던 10명 중 9명이 대학에 갔다. 입소문이 퍼지면서 그의 수업료는 점점 올라갔다. 당시 대기업 신입사원 월급은 50만 원 정도였다. 그는 2년 동안 과외로만 2억 원가량을 벌었다. 계산하면 약 33년 치 월급인 셈이었다. 그가 학생들에게 가르쳤던 지식은 고등학교 교과 과정에 나오는 내용이 전부였다.

그가 서울대학교 서양사학과를 졸업하고 대학원에 진학하거나 회사에 취직했으면 어떻게 됐을까? 적어도 지금의 '메가스터디'는 없었을 것이다. 그는 입시 때 공부한 지식만을 활용해 엄청난 성공을 거두었다. 그는 대학 입시가 없어지지 않는 한 강의를 계속할 수 있다. 또 강의는 하면 할수록 실력이 향상된다. 학원 강사로서의 노하우가 축적되고, 명성이 계속해서 쌓인다. 따라서 평생 현역으로 살 수 있다.

많은 퇴직자들이 자영업에 뛰어들고 있다. 치킨집이나 카페는 차고 넘칠 정도다. 그들 중에는 일류대를 졸업하고 내로라하는 대기업에서 일했던 사람도 있다. 그들은 왜 한 번도 안 해 본 일에 뛰어들게 되었을까? 바로 '승진'이라는 이름의 취업에 실패해서다. 승진은 그동안의 성과와 경력을 스펙 삼아 다시 취업하는 것이다. 그동안 추가로 딴 학위, 자격증도 참고한다. 이런 스펙도 매우 뛰어나면 계속해서 회사에 남을 수 있다. 하지만 조금 뛰어난 스펙으로는 나이를 극복하기 어렵다. 결국 남의 돈 벌어다 주는 능력만 키우다가 하루아침에 실업자 신세가 된다. 이런 상황에 대비하기 위해서는 하루라도 빨리 홀로 설 수 있는 능력을 키워야 한다. 그것은 바로 1인 창업을 시작하는 것이다. 그동안의 경험을 바탕으로 책을 써서 강연가나 컨설턴트가 되는 것이 대표적인 예다.

《1인 창업이 '답'이다》의 저자 이선영 대표는 원래 치과위생사였다. 그녀는 10여 년간의 직장 생활의 경험을 바탕으로 병원 개업 및 경영 등을 도와주는 컨설팅 회사 'Change Young company'를 창업했다. 창업 후 3년여 만에 직장에 다닐 때보다 4~5배가량의 수익을 더 벌게 되었다.

전문직도 마찬가지다. 변호사도 언젠가 자신의 사무실을 열어야 한다. 의사도 정년 혹은 그 이후까지 계속 일하려면 개원을 해야 한다. 선배 의사를 고용하고 싶은 병원장은 거의 없기 때문이다. 누구나 결국 조직을 떠나게 된다. 사람이 당장 자신의 사업을 시작할 수 있는 것은 아니다. 나도 개원을 생각하면 막막하다. 당분간은 스펙을 쌓으며 안정된 직장에 다니는 것도 좋은 선택이다. 하지만 스펙은 취직을 위한 도구일 뿐임을 잊지 말자. 스펙만으로는 평생 현역으로 살 수 없다.

06

스펙은 당신의
장밋빛 미래를 보장하지 않는다

역설적이지만 성장, 개혁, 변화 속에서만 진정한 안정을 찾을 수 있다.
– 엔 모로 린드버

중학생 때 나는 워드프로세서 2급 자격증을 땄다. 당시에는 키보드를 빨리 칠 수 있는 사람조차 드물었다. 컴퓨터로 하는 문서 작업이 점점 대중화되고 있으니 자격증을 따 놓으면 나중에 도움이 될 것이라 생각했다. 하지만 이제는 워드프로세서 자격증의 위상이 예전만 못하다.

내가 시험을 볼 때는 한글 2.0을 사용했다. 그러나 지금은 아래아한글 2007이나 마이크로소프트 워드 2007 등으로 시험을 친다. 옛날에 취득한 워드프로세서 자격증은 더 이상 통용되기 힘들다. 심지어 2012년에 워드프로세서 2급과 3급 자격증이 폐지되었다. 1급 수준이 아니면 자격증으로 볼 수도 없다는 의미다. 그만큼 일반인들의 능력이 상향평준화된 것이다.

인터넷이 막 국내에 보급되었을 때 '인터넷정보검색사(현재 인터넷정보관리사)'라는 자격증이 있었다. 당시에는 구글이나 위키피디아나 네이버 지식인도 없었고, 야후나 라이코스와 같은 초창기 검색 엔진은 성능이 좋지 않았다. 어렸을 때 아버지와 함께 인터넷 정보 검색 경진대회에 참가한 적이 있다. 어떤 위인이 태어난 도시 이름을 찾는 문제가 있었는데 무척이나 애를 먹었다. 그 정도로 인터넷을 검색하는 사람의 능력이 중요했다. 하지만 지금은 초등학생도 모르는 게 있으면 인터넷에서 손쉽게 찾아본다.

내가 다니던 컴퓨터 학원에는 고등학생이나 성인이 많았다. 입시나 취직을 위해 자격증을 취득하려는 사람들이었다. 그들 중 대부분이 '정보처리기사'나 '정보처리기능사'를 따려고 혈안이었다. 응시 조건도 까다로웠고 시험에 합격하려면 공부해야 할 것도 많았다. 그런데 지금은 어떤가? IT 회사에 취직할 때조차 있어도 그만 없어도 그만이 되었다. 한때는 공무원 시험에서 가산점이라도 받을 수 있었지만 그마저도 폐지될 예정이다.

한때 최고의 인기를 자랑하던 스펙도 세월이 지나면 휴지 조각이 될 수 있다. 그것이 자격증이든 영어 점수든 실무 경력이든 마찬가지다. 사회는 가치가 없어진 스펙에 대해서는 냉담하다. 열심히 노력했다는 점은 어필할 수 있겠지만 그것이 전부다.

동정표로 취업이 될 정도로 현실은 만만하지 않다. 스펙은 시대에 따라 가치가 변한다. 몇 년 전만 해도 중국어는 종합상사에 다니는 직원이나 갖춰야 하는 능력이었다. 하지만 지금은 유치원생도 배운다. 중국어가 영어보다 중요하다고 생각하는 사람도 늘고 있다. 사회의 변화에 따라 생겨나는 자격증도 다양하다. 노인 인구가 늘자 노인심리상담사 자격증이 주목받기 시작했다. 또한 반려동물을 기르는 가정이 많아지면서 반려동물관리사 자격증도 인기를 얻고 있다.

현재 뜨고 있는 자격증을 취득해 두면 당장은 쓸모가 있을지 모른다. 하지만 10~20년 뒤에는 그렇지 않을 가능성이 많다. 이유는 두 가지다.

첫째, 세상이 변하기 때문이다. 아이폰이 세상에 처음 소개된 때가 2007년이다. 지금은 스마트폰으로 비행기 표를 예약하고 은행 업무까지 본다. 변화의 속도는 갈수록 빨라지고 있고 미래의 모습은 점점 예측하기 어려워지고 있다.

둘째, 블루오션에는 금방 사람이 모인다. 유망하다고 소문이 나면 순식간에 레드오션이 되어 버린다. 누구나 유망하다고 생각하는 직종은 결코 유망하지 않는 법이다. 최근에 바리스타 자격증 시험 접수 때문에 〈한국커피협회〉 홈페이지가 마비되었다는 기사를 보았다. 바리스타 자격증을 가진 사람이 꾸준히 늘고 있다는 증거다. 우리나라의 커피 소비량이 증가하는 것에도 한계가 있다. 스타벅스조차 문 닫는 지점이 늘고 있다는 사실을 기억하자.

나는 의과대학 본과에 올라가면서 50명 정도의 편입생과 함께 공부했다. 그들 중에는 이름만 대면 알 만한 대기업에 다니던 사람도 여럿 있었다. 그들에게 의대 편입은 쉬운 결정이 아니었을 것이다. 기회비용만 1억 원이 넘기 때문이다. 인턴과 레지던트 기간을 지나 손익분기점에 도달하려면 긴 세월이 필요하다. 그럼에도 불구하고 편입을 선택한 이유는 의사자격증이 두 가지 면에서 특별하기 때문이다.

첫째, 의사자격증이 없으면 의료 행위를 못 한다. 둘째, 국가가 의사의 수를 제한하고 있다. 의사가 아무리 인기 직종이라도 의사가 차고 넘치는 상황은 생기지 않는다. 이런 이유 때문에 많은 사람들이 의사는 먹고살 걱정이 없다고 생각한다. 하지만 실상은 다르다. 인턴 시절 '정·재·영' 즉, 정신건강의학과, 재활의학과, 영상의학과가 인기과로 급부상했다. 몸값이 높아졌기 때문이다. 그러나 영상의학과는 불과 얼마 전만 해도 상황이 좋지 않았다.

1999년에 11월 15일 판독료가 삭제됐다. 영상의학과(당시 진단방사선과) 의사는 필름을 판독해도 한 푼도 못 받는 처지로 전락한 것이다. 병원에서는 영상의학과 의사를 고용할 이유가 없어졌다. 1997년까지만 해도 레지던트 확보율이 95%에 달했지만 그해 57%로 수직 하락했다. 교수들의 만류에도 불구하고 그만두는 레지던트가 속출했다. 3년 후 판독료가 부활하고 나서야 상황이 나아질 수 있었다. 이렇듯 영상의학과 전문의 자격증조차 미래를 장담할 수 없다. 의료서비스 가격을 나라가 정하기 때문이다. 즉, 몸값을 자신이 정할 수 없다. 오로지 의료보험이 관여하지 않는 부분만 의사 마음대로 할 수 있다. 그게 바로 미용 분야다. 하지만 피부과나 성형외과는 이미 포화 상태다. 일부 대형 성형외과 병원에서는 의사들 월급이 몇 달씩 밀린다고 한다. 이미 레드오션이 된 것이다.

인공지능의 발달도 의사들을 위협하고 있다. IBM에서 개발한 인공지능 '왓슨'이 2016년 10월부터 가천대학교 길병원에서 암 환자 진료를 시작했다. 2014년 미국종양학회에서 발표된 자료에 따르면 왓슨의 진단 일치율은 대장암 98%, 직장암 96%, 방광암 91%, 췌장암 94%, 신장암 91%, 난소암 95%, 자궁경부암 100%에 달한다. 영상의학과도 예외는 아니다. 백승욱 대표가 이끄는 '루닛'은 의료영상을 분석해 병을 판별하는 인공지능을 개발하고 있다. 아직은 초기 단계지만 완성되면 영상의학과 의사의 미래가 어떻게 될지 안 봐도 뻔할 것이다. 이세돌 9단과 알파고의 대국처럼 영상의학과 의사와 인공지능이 판독 대결을 벌일 날이 올지도 모를 일이다.

지금까지 교수님들에게 가장 많이 들었던 충고는 '영어 공부해 둬라'였다. 영어 능력은 가장 기본적인 스펙이다. 그래서 사람들이 영어 공부에 많은 돈과 시간을 들인다. 영어만 잘해도 굶어 죽지 않는다는 말까지 있다. 하지만 나는 이것도 영원하지 않을 것이라고 생각한다. 영상의학과 의사 중에는 영상 검사 판독문을 키보드로 입력하는 사람도 있고 녹음하는 사람도 있다. 녹음된 판독문은 훈련된 타이피스트들이 듣고 키보드로 옮겨 적는다. 그런데 미국의 일부 병원에서는 타이피스트를 쓰지 않고 음성인식 프로그램을 이용해 판독문을 입력한다. 어려운 의학 용어도 정확하게 받아 적는다고 한다. 이런 음성인식 기술과 번역 기술을 결합한 것이 자동 통역 기술이다.

구글의 딥러닝 프로젝트 팀장인 그렉 코라는 "10년 이내에 어떤 언어든 실시간으로 번역할 수 있는 헤드폰이 나온다."라고 전망했다. 외국어 능력이 지금 당장은 중요한 스펙이지만 미래에도 그럴지는 장담할 수 없는 것이다.

'미국상공회의소재단' 교육인력센터의 제이슨 티스코 소장은 '글로벌 인재포럼 2016'에서 "과거엔 직능이 빠르게 변하지 않아 기업이 사람을 뽑아 훈련시켰지만 이제는 불가능한 이야기다."라고 말했다. 기업은 원하는 스펙을 갖춘 인재를 바로 채용하고 싶어 한다는 설명이다. 이렇게 되면 낡은 스펙을 가진 기존의 직원

은 바로 도태될 수밖에 없다. 브라이언 카우언 전 아일랜드 총리
는 청년들이 앞으로 많게는 6개의 직업을 가질 수 있을 것이라고
전망했다. 하지만 많은 사람들이 대학에서 배운 전공 하나가 평생
을 책임져 줄 것이라 생각하고 있다.

종이에 자신의 스펙을 적어 보자. 최근에 작성한 입사지원서
가 있다면 그것을 꺼내 보자. 그 스펙의 위상이 10~20년 뒤에도
같을지 생각해 보자. 잘 모르겠다면 미래 사회를 예측하는 칼럼
이나 책을 읽어 보는 것도 좋다.

만약 자신만의 스펙이 없다고 생각이 든다면 혼자 고민하지
말고 010.7331.4078번으로 간단한 자기소개나 앞으로 하고 싶은
일을 적어 보내 보자. 아마 나의 답장을 통해 자신이 바라는 은퇴
시점까지 유효한 스펙은 몇 개인지 파악할 수 있을 것이다. 현재
의 스펙은 결코 자신의 미래를 책임지지 않는다는 것을 기억해야
한다.

07

흔한 스펙에
더 이상 목매지 마라

다른 사람들이 할 수 있거나 할 일을 하지 말고,
다른 이들이 할 수 없고 하지 않을 일들을 하라.
– 아멜리아 에어하트

대학교 4학년에 올라가는 K 씨의 겨울 방학은 오히려 학기 중보다 바쁘다. 스펙을 쌓기 위해서다. 그의 하루는 오전 8시 학교 도서관에서 모이는 '기상 스터디'로 시작한다. 대학 커뮤니티 게시판에서 모집한 사람들은 아침마다 모여서 각자의 '기상'을 체크한다. 지각하면 벌금을 내야 한다.

오전에는 주로 토익 시험이나 한자 능력 시험을 준비한다. 운전면허보다 더 흔한 스펙이 된 컴퓨터 관련 자격증도 교내 프로그램으로 신청해서 듣고 있다. 오후에는 기업 인턴이나 각종 봉사활동 지원에 몰두한다. 기업이나 전문가는 '탈(脫)스펙 시대'를 외치지만 K 씨에게는 와 닿지 않는다.

'토익 950, 스피킹 최고 레벨, 미국 교환 학생, 관련 업계 인턴 3개월' 등의 쟁쟁한 스펙을 나열하고도 "특별한 스펙은 없다."라고 말하는 취업 성공 수기를 볼 때마다 좌절감을 느낀다.

위의 이야기는 한 경제 신문에 소개된 사례를 각색한 것이다. 실제로 많은 취업 준비생들이 위와 같은 일상을 보내고 있을 것이다. 경쟁자보다 조금이라도 높은 스펙을 갖춰야 하기 때문이다. 그렇다면 높은 스펙을 갖춰야 하는 이유는 무엇일까? 바로 '특별한 스펙'이 없기 때문이다. 스펙은 차별성을 갖추기 위해 쌓는 것이다. 그런데 얄궂게도 취업 준비생들 대부분이 남들과 똑같은 스펙을 쌓고 있다. 똑같은 스펙으로 차별성을 갖추려면 아주 뛰어나야 한다. 토익 점수라면 만점에 가까워야 하고 회화 능력이 원어민 수준이어야 한다. 교환 학생이나 인턴 경험도 마찬가지다. 1등이 되지 못하면 1등의 들러리만 서게 된다.

2010년 서울대학교 병원 피부과 신입 레지던트 5명을 모집하는데 6명의 인턴이 지원했다. 6명 중 5명은 의대 성적 10등 안에 드는 수재들이었다. 그중에는 수석 졸업자도 있었다. 모든 인턴들은 그 5명이 합격할 것이라고 예상했다. 하지만 모두의 예상과 달리 5등 졸업자가 떨어졌다. 소문에 의하면, 수석 졸업자와 5등 졸업자 중 하나가 떨어질 운명이었다고 한다. 인턴 점수는 5등 졸업자가 월등히 높았지만 '수석 졸업자를 떨어뜨릴 수 없다'는 이유로 5등 졸업자를 불합격시켰다는 것이다.

　교수들은 '비록 1등은 아니지만 우수한 성적'에 큰 의미를 두지 않았던 것이다. 만약 5등 졸업자가 인턴 점수 1등이었다면 결과가 달랐을지도 모른다.

　스펙을 많이 쌓은 사람일수록 그동안 들인 노력을 인정받고 싶어 한다. 하지만 세상은 노력 자체를 인정해 주지 않는다. 노력은 결과를 위한 수단일 뿐이기 때문이다. 운동선수의 연봉이 연습 시간에 비례하지 않는 것과 같다. 오히려 세상은 적은 노력으로 같은 결과를 만들어 내는 사람을 더 인정한다. 그래서 비슷한 스펙이면 1년이라도 젊은 사람이 더 좋은 평가를 받게 되는 것이다.

　레지던트 선발 기준은 학점, 인턴 점수, 레지던트 선발고사 성적, 면접 점수 등이다. 그러나 실제로 당락을 좌우하는 스펙은 과마다 조금씩 다르다. 예를 들어 성형외과에 합격하기 위해서는 인턴 때 반드시 성형외과를 돌고 좋은 평가를 받아야 한다. 성형외과 스케줄이 없으면 다른 인턴과 스케줄을 바꿔서라도 돌아야 한다. 반대로 내과는 철저하게 성적순으로 뽑는다.

　나는 영상의학과에 지원할 때 합격을 장담했다. 영상의학과에서 성적보다 중요하게 보는 스펙 때문이다. 바로 나이와 성별이다. 그 당시 영상의학과는 공공연하게 '남자 현역'을 뽑고 싶어 했다. 현역은 고등학생 때 의대에 한 번에 합격해 최단 기간에 인턴까지 올라온 사람을 의미한다. 게다가 교수들은 부려 먹기 편한 남자를 선호했다. '남자 현역'이면 다른 스펙이 좋지 않아도 문제없었다. 실제로 나와 같이 영상의학과에 지원한 '남자 현역'은 전원 합격했다.

회사 입장에서는 신입 사원이 젊으면 여러 가지로 좋다. 나이가 어리니 부담스럽지도 않고 일을 시키기도 편하다. 또 세상 물정에 어두워서 불합리한 대우를 받아도 잘 눈치 채지 못한다. 체력도 좋다. 무엇보다도 취직 준비 기간이 짧아서 보상 심리가 약하다. 직장에 많이 바라지 않고 실망도 적다.

학생 때 지도 교수님은 의학전문대학원 체제를 반대했다. 그 이유가 나이 많은 의대생들은 빨리 본전을 뽑고 싶어 한다는 것이었다. 실제로 나이가 많은 편입생 동기 중에는 가정의학과를 선택하는 사람이 많았다. 가정의학과는 4년이 아니라 3년만 하면 전문의가 될 수 있기 때문이다. 다른 전공을 선택한 경우에도 대학병원에 남기보다는 빨리 돈을 벌 수 있는 개원이나 일반 병원 취직을 선호했다.

소수만 가진 스펙도 좁은 취업문을 앞에 두면 흔한 스펙으로 전락한다. 취업 시장은 수요와 공급의 법칙을 따르기 때문이다. 1990년대 초반에는 이공계 박사가 일자리를 걱정할 필요가 없었다. 1991~1995년 사이에 박사급 일자리 증가분은 1만 3,433명이었으나 같은 기간에 배출된 이공계 박사의 숫자는 6,716명으로 절반 수준에 불과했기 때문이다. 하지만 2010년에 이르러서는 박사급 일자리는 3분의 1 수준으로 떨어지고 박사 졸업자는 네 배가량 늘었다. 박사가 열두 배나 흔해진 것이다. 박사 학위가 차별성이 있으려면 박사들이 몰리지 않는 곳에 지원해야 한다. 하지만 그렇게 하는 사람은 드물다. 노력에 걸맞은 보상을 바라기 때문이다.

비슷한 예로, 흉부외과는 늘 레지던트가 부족하다. 많은 사람들이 흉부외과가 일이 힘들어서 인기가 없다고 생각한다. 일부 교수들은 요즘 젊은 의사들이 힘든 일을 기피한다고 푸념한다. 하지만 내 생각은 다르다. 신경외과나 정형외과도 힘들지만 레지던트가 미달되지 않는다. 일자리가 훨씬 많기 때문이다. 흉부외과 전문의 자격증을 가진 의사는 드물지만 고용 시장에서는 흔하고 매력 없는 스펙에 불과한 것이다.

2016년 9월 30일, 교통사고로 중상을 입은 2살배기 소년이 13곳의 병원을 전전하다 12시간 만에 사망한 사건이 발생했다. 수술할 수 있는 소아외과 의사가 없었기 때문이다. 기사에 따르면 전국에 활동하는 소아외과 의사는 32명뿐이다. 기사를 끝까지 안 읽으면 소아외과 전공이 희소가치가 높은 스펙이라고 착각하기 쉽다. 그러나 실상은 그 반대다. 힘들게 소아외과 전문의가 되어도 취직할 병원이 없는 것이 현실이다.

경쟁력 있는 스펙은 수요에 비해 공급이 적어야 한다. 예를 들어, 영상의학과의 세부 전공 중 혈관중재 시술의 경우 수요는 많은데 공급이 적다. 응급 시술이 많고 시술할 때마다 방사선에 노출되기 때문이다. 그래서 아무리 높은 연봉을 제시해도 사람 구하기가 힘들다. 가장 좋은 것은 '넘버원(number one)'이 아닌 '온리원(only one)'이 되는 것이다.

유명 게임 BJ '대도서관'은 고졸이 최종 학력이다. 그럼에도 불구하고 경력직 커트라인이 대졸 이상이었던 SK커뮤니케이션즈에 지원했다. 그는 자기소개서 대신 자신이 입사하면 무엇을 어떻게 바꿀지에 대해 적은 기획서를 제출해 합격했다.

그는 넘버원을 겨루는 경쟁에서 벗어나 온리원 지원자가 될 수 있었던 것이다. 온리원이 되는 방법 중 하나는 자신만의 스토리를 담은 책을 쓰는 일이다. 이 세상에 똑같은 스토리를 가진 사람은 없다. 각 개인의 스토리는 유일무이하며 반드시 누군가에게 도움을 줄 수 있다. 다음은 책을 써서 온리원이 된 사례다.

이승희 작가는 북한을 탈출해 국내에 들어온 새터민 중 하나였다. 많은 새터민이 신변의 위협을 느끼게 되어 자신의 이야기를 세상에 알리기를 꺼려한다. 하지만 그녀는 용기를 내어 자신의 탈북기와 새터민으로서의 삶을 담은 《우리가 살아가는 하루하루가 기적이다》를 펴냈다.

그 후 그녀는 북한의 실상을 알리고 새터민들에게 희망을 전하는 작가이자 강연가로 바쁜 나날을 보내고 있다. 그녀는 다른 새터민 출신 작가들과 경쟁할 필요가 없다. 그녀는 그녀만의 스토리를 바탕으로 퍼스널 브랜딩에 성공했기 때문이다.

스펙은 눈에 보이는 결과물이다. 그래서 사람들은 스펙을 쌓을 때마다 성취감과 안도감을 느낀다. 서강대학교 전상진 교수는 이런 현상에 대해 "실제 진학이나 취업 때 스펙이 당락에 미치는 영향을 따져 보기 이전에, 일단 안도감을 제공해 준다는 점에서 스펙은 항우울제와도 같은 효과를 지니고 있다."라고 말했다. 특히 남들이 다 갖추는 스펙일수록 항우울 효과가 뛰어나다. 소속감을 제공하기 때문이다. 하지만 자신을 평범하게 만드는 스펙은 마약이나 다름없다. 스펙은 자신이 남들과 다른 점을 부각시키기 위해 쌓는 것이므로 흔한 스펙은 스펙이 아니다. 지금부터라도 자신을 브랜딩해서 온리원이 될 방법을 찾아보자.

스펙보다
중요한 것은 경험이다

08

경험도 없는 사람에게 중요한 일을 맡기지 마라.
– 그라시안

의사들이 사용하는 은어 중 일본어인 '이와이(いわい)'라는 것이 있다. 원래 뜻은 축하, 축하 행사, 축하 선물 정도로 쓰이지만 의료 현장에서는 어떤 시술이나 수술 따위를 처음 해 보는 것을 의미한다.

수술실에서는 엄격한 도제식 교육이 이루어진다. 처음에는 눈으로만 배운다. 실 자르기 같은 아주 간단한 보조 역할만 하면서 수술 과정을 지켜보는 것이다. 처음에는 수술을 집도하는 의사가 시키는 일만 한다. 그러다가 차츰 경험이 쌓이면 능동적으로 보조하게 된다. 수술 과정을 완벽하게 외울 정도가 되면 마침내 첫 수술을 집도하게 된다. '수술을 집도해 본 경험'을 가진 외과 의사가 탄생하는 경사스러운 순간이다.

"백문이 불여일견(百聞 不如一見)이요, 백견이 불여일행(百見 不如一行)이다."라는 말이 있다. 백 번 듣는 것보다 한 번 보는 것이 낫고, 백 번 보는 것보다 한 번 행함이 낫다는 말이다. 직접 해 보는 경험이 중요하다는 의미다. 먼저 백 번 행하고 나서 한 번 보고 듣는 것이 더 빨리 배우고 오래 기억에 남는다.

서울대학교 병원 영상의학과 레지던트가 초음파를 배우는 과정도 마찬가지다. 처음에는 교수님이 초음파 검사하는 모습을 보기만 한다. 그러다가 3일째가 되는 날부터 바로 실전에 투입된다. 초음파 검사실 입구에 자신의 이름이 걸리고 진짜 환자를 검사하기 시작한다. 100여 건의 초음파 검사를 견학할 때는 지겹기까지 했는데 막상 할 때는 눈앞이 깜깜해진다. 모르는 게 있어 교수님을 호출할 때마다 자신의 부족함을 뼈저리게 느끼며 공부하겠다는 의지를 불태운다. 이렇게 한 달을 보내면 초음파 검사에 대한 실력과 자신감으로 무장한 영상의학과 의사로 성장하게 된다. 완벽하게 준비하고 경험하는 것이 아니라 경험을 통해 완벽해지는 것이다.

지원자가 어떤 일을 얼마나 잘 하는지 알아보려면 실제로 그 일을 시켜 보는 것이 가장 좋은 방법이다. 하지만 신규 자동차 영업 사원을 뽑을 때마다 지원자들에게 자동차를 나눠 주고 팔아

보라고 할 수는 없다. 그래서 선택한 것이 바로 스펙이다. 스펙이 좋으면 업무도 잘 해낼 것이라고 믿는 것이다. 하지만 따지고 보면 스펙은 차선책조차 될 수 없다. 스펙과 업무 능력 사이에는 괴리가 크기 때문이다. 스펙은 경쟁자를 물리치면서 쌓은 것이다. 하지만 조직에 들어오면 경쟁심보다는 협동심이 더 중요하다. 학점을 잘 받거나 자격증 시험을 통과하려면 기존의 지식을 머리에 넣을 수 있어야 한다. 하지만 기업은 기존의 틀에서 벗어나 다양한 아이디어를 낼 수 있는 창의적인 인재를 원한다.

이제는 대기업 채용에서도 '스펙 파괴', '스펙 무용론', '탈스펙'의 트렌드가 확산되고 있다. 지원서에서 학점, 어학 성적, 사진, 자격증, 직무와 무관한 개인 정보 등의 항목을 삭제하거나 간소화하는 것이다. 지원자 정보를 비공개로 하는 '블라인드' 방식의 면접을 도입하는 회사도 있다.

SK그룹은 2013년부터 채용 인력의 일부를 오디션 방식으로 뽑는 '바이킹 챌린지'를 시행하고 있다. 최소한의 개인 정보와 스토리 중심의 자기소개서로 1차 서류 심사를 실시하고, 자기PR 프레젠테이션 및 심층 면접과 2개월간의 인턴십을 거쳐 최종 합격자를 선발한다. 선발 과정에서 학력이나 스펙을 부각하면 오히려 감점을 받는다. 이는 기업에서도 직무 역량을 갖춘 실무형 인재를 뽑겠다는 것이다.

과거에는 스펙을 쌓고 자기소개서만 준비해서 수십 군데의 기업에 마구잡이로 지원하면 되었다. 합격이 되면 직무 교육을 통해 실무를 익히면 되었지만 이제는 바로 실무에 투입할 수 있는 인재를 뽑는 것이다. 이것은 스펙 쌓는 수고를 줄여 주려는 배려가 아니다. 어디에 취직해도 괜찮다는 안일한 생각으로 스펙만 쌓아 온 지원자를 받지 않겠다는 뜻이다.

실전에서 필요한 역량을 발휘하려면 어떻게 해야 할까? 군인들이 모의전으로 훈련하듯이 실전을 겪어 보거나 실전과 흡사한 경험을 해야 한다. 한 지인은 대학생 때 영업을 경험해 보기 위해 한동안 지하철에서 물건을 팔았다. 대학에서 마케팅 과목을 이수한 사람과 실제로 물건을 팔아 본 경험이 있는 사람 중 누가 높은 성과를 낼까? 아마 후자일 것이다.

의사들의 세계는 위계질서가 뚜렷하다. 군대처럼 계급이 있는 것도 아닌데 위계질서가 유지되는 이유는 '경험에 대한 존중' 때문이다. 의사들 사이에서는 '1등 인턴보다 꼴지 레지던트 1년 차가 낫다'라는 말이 있다. 아무리 뛰어나도 경험 부족을 메울 수 없다는 의미다. 그래서 아무리 뛰어난 인턴이 있어도 레지던트 1년 차 일을 절대 맡기지 않는다.

내 주변에는 방송통신대학교 통계학과에 편입한 공중보건의가 여럿 있다. 논문을 쓸 때 필요한 통계 지식을 배우고 통계학 학사라는 스펙까지 만들 수 있으니 일석이조이기 때문이다. 그러나 나는 고민 끝에 하지 않았다. 그 시간에 논문을 한 편 쓰는 것이 낫겠다고 생각했기 때문이다.

나는 처음 논문을 쓸 때 통계를 전혀 몰랐다. 학생 때 의학 통계 수업을 들었지만 다 잊은 상태였다. 수업을 듣고 나서 통계 지식을 활용해 본 경험이 없었기 때문이다. 결국 통계 관련 서적을 구입해서 읽고 교수님께 물어보고 통계 프로그램 사용법을 익혀 가면서 논문을 작성했다. 이렇게 실전으로 익힌 통계 지식은 기억에 오래 남는다. 통계학 교과서에 나오는 통계 이론을 모두 알고 있을 필요가 없다는 것도 알게 되었다.

통계학을 전공했다고 해서 논문을 바로 쓸 수 있는 것은 아니다. 통계는 논문 작성 과정의 일부에 지나지 않기 때문이다. 자신이 겪어 보지 못한 과정에 대해서는 막연한 두려움이 있기 마련이다. 하지만 한번 그 일을 해내고 나면 전체 과정을 경험할 수 있기 때문에 안 해 본 과정에 대한 두려움은 없어진다. 마찬가지로 기획자가 되고 싶다면 기획에 관한 이론을 공부하기보다 작은 행사라도 직접 기획해 보는 것이 좋다. 해 보고 나면 이론과 실제가 다르다는 것을 알게 된다. 경험이 뒷받침되지 않은 지식은 장롱 면허와 같은 셈이다.

스펙 쌓기에 실패하면 아무것도 남지 않는다. 아무리 오래 공부했어도 자격증을 못 따면 허송세월한 것이나 마찬가지다. 하지만 경험은 성패와 상관없이 반드시 두 가지를 남긴다. 바로 노하우와 스토리다.

시행착오를 겪으면 실수를 줄이면서 일을 효율적으로 해내는 자신만의 노하우를 쌓을 수 있다. 실력 있는 의사는 학점이 높거나 학위가 있어 논문을 많이 쓴 의사가 아니다. 바로 경험이 많은 의사다. 수술도 많이 집도한 의사가 잘하는 법이다.

경험은 곧 스토리다. 실제로 겪은 일이기 때문이다. 스토리는 자기소개서나 면접부터 개인 저서나 강연까지 무궁무진하게 활용할 수 있는 재산이다.

'조경애 미래경영연구소'의 조경애 대표는 과거에 사기를 당해 운영하던 학원과 집을 잃었다. 먹고살기 위해 닥치는 대로 아르바이트를 해야 했다. 철가방을 들고 학교까지 배달을 가기도 했고, 지명 수배자 신세로 하루 12시간씩 주방 보조 일을 하면서 주인에게 말도 못하고 직장을 그만두어야 하기도 했다. 누가 봐도 실패뿐인 비참한 인생이었다. 하지만 그녀는 이런 스토리를 담아 개인 저서 《관점을 바꾸면 인생이 달라진다》를 펴내고 강연을 통해 희망을 전달하는 메신저의 삶을 살고 있다.

경험은 가장 빠르고 효과적인 자기계발 방법이다. 기왕 성공하는 것이 좋겠지만 실패해도 성장할 수 있다. 중요한 것은 무엇을 경험하느냐다. 자신이 하고 싶은 일과 가장 비슷하면서 모든 과정을 겪어 볼 수 있는 경험이 가장 좋다. 잘 모르겠다면 앞서간 사람을 만나거나 커리어 컨설팅을 받아 보는 것도 좋다. 스펙의 중요성은 점점 줄어들고 있다. 이제는 스펙이 아니라 경험이 필요하다. 스펙을 쌓을 시간에 자신에게 필요한 경험을 쌓는 데 주력해 보자.

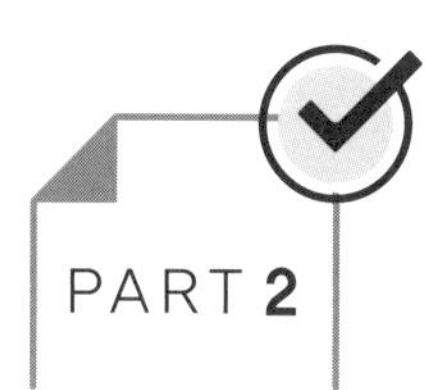

대기업 취업이 성공이라고 착각하지 마라!

한평생 월급쟁이로 산다는 것

내가 서울대학교 병원에서 인턴으로 근무할 때 유급 휴가는 7일이었다. 그런데 1년 중 언제 휴가를 써야 하는지는 인턴을 시작할 때부터 정해져 있었다. 인턴의 일이 워낙 많기 때문에 여러 명의 인턴이 한꺼번에 휴가를 쓰지 못하도록 미리 정해 놓은 것이다. 불만스럽긴 해도 휴가를 보내 준다는 사실에 감사하며 휴가를 손꼽아 기다렸다.

나는 신생아 중환자실 인턴일 때 휴가를 가기로 정해져 있었다. 인턴은 나를 포함해 2명이었고, 서로 번갈아 가면서 당직을 서는 상황이었다. 첫날에는 오전 9시면 끝나야 할 일이 정오가 지나도록 끝나지 않았다. 일이 익숙해져도 여전히 일은 만만치 않았다.

나와 함께 일한 인턴은 나보다 나이가 많은 여자였다. 내가 휴가 날짜에 대해서 이야기를 하니 일이 이렇게 많은데 어떻게 휴가를 가겠냐는 표정으로 탐탁지 않아 했다. 내가 7일 휴가를 가면 그녀가 7일 연속으로 당직을 서야 했기 때문에 나라도 버틸 수 있을지 장담하기 어려운 상황이었기 때문이다. 결국 나는 금요일과 주말 3일 동안 휴가를 다녀오기로 했다. 휴가 때 그녀가 선 당직은 휴가를 다녀와서 갚아야 했다. 게다가 의리로 금요일 오전까지 일을 도와주고 나서야 인생 첫 번째 휴가를 나올 수 있었다.

그런데 생각해 보면 이상한 이야기다. 근로 계약에 명시된 유급 휴가를 가는데 어째서 눈치를 봐야 할까? 채용할 인턴 숫자와 일의 양과 유급 휴가까지 고려해서 스케줄을 만들어야 하는 것이 당연한 것인데도 말이다. 게다가 유급 휴가 때 빠진 당직을 왜 휴가를 다녀와서 서야 하는지도 이해가 안 되었다. 휴가로 인해 줄어든 근무 시간을 다시 채워야 한다면 휴가가 아닐 것이다. 하지만 이런 불합리함에 대해 의문을 던지는 사람은 적다. 특히 선배나 교수 세대는 걸핏하면 "우리 때는 더 힘들었다."라며 운을 띄운다. 더 고생했다는 사람들이 불합리한 근무 환경을 개선하기는커녕 개선되는 근무 환경에 우려의 목소리를 높인다. 한 친구는 레지던트 면접 때 레지던트 근무시간 제한에 대해 찬성하는 의견을 냈다가 불합격할 뻔했다.

일을 시작하기 전에 이런 불합리한 현실을 전혀 몰랐다면 거짓말이다. 학생 때 병원 실습을 하면서 인턴 생활이 어떤지는 알고 있었다. 7일 휴가를 다 쓸 수 없다는 것도 알고 있었다. 하지만 나는 인턴에 스스로 지원했다. 다른 길이 없었기 때문이다. 나는 스스로 노예가 되기로 마음먹었다.

재미있는 것은 나조차 병원 생활을 하다 보니 휴가나 퇴근 시간을 챙기려고 하는 인턴을 점점 못마땅하게 생각하게 된다는 점이다. 몸도 마음도 노예가 된 것이다. 비단 병원만 이렇지는 않을 것이다. 회사에 다니는 지인 중에 자유롭게 퇴근하거나 휴가를 쓰는 사람을 한 명도 보지 못했다. 이유는 다양하다. 업무가 많거나 동료나 선배들 눈치가 보이거나 혹은 회사에서 허가해 주지 않아서다. 여기에 근무 평가라는 산이 있다. 하지만 본질은 간단하다. 자신이 월급쟁이가 되기를 선택했기 때문이다.

스스로 가치를 만들기를 포기하고 회사에 자신을 판 것이다. 회사가 직원들 덕분에 먹고 산다고 주장해 봐야 현실은 반대다. 당장 회사가 아니면 생계 걱정을 해야 하는 현실이면 회사는 갑이 된다. 좋든 싫든 먹고 살려면 자신에게 월급을 주는 회사가 우선 살아야 하기 때문이다.

학창 시절부터 힘들게 대학원까지 나왔는데 왜 노예 같은 삶을 살아야 하는 것일까. 그 이유는 우리가 받는 교육이 훌륭한 노예를 만들어 내는 시스템이기 때문이다. 학교에서 배웠던 내용을 떠올려 보자. 심지어 대학원에서 배우는 내용도 실무와는 아무 상관이 없다. 취업을 해 본 적이 없는 교수는 실무가 아닌 원론적인 내용밖에는 가르칠 수가 없다. 그 어떤 학교도 사업자등록 방법이나 세무를 알려주기는커녕 파워포인트 쓰는 법도 가르쳐 주지 않는다. 학교 교육에 아무런 의문 없이 돈과 시간을 투자한 사람은 회사 입장에서는 아주 좋은 먹잇감이다. 학력이 높은 사람일수록 월급쟁이로 살지 않으면 생존할 능력이 없으면서 자신이 대단한 존재라고 착각한다. 치열한 경쟁에서 승리한 것을 위험을 무릅쓴 것과 동등하다고 착각하기 때문이다. 이런 사람은 자존심 때문에라도 한번 취직하면 쫓아낼 때까지 절대 그만두지 않는다.

월급쟁이가 나쁜 선택은 아니다. 장점도 많다. 월급 통장에는 매달 같은 날짜에 일정한 돈이 들어온다. 덕분에 살림을 안정적으로 꾸릴 수 있고 대출을 받기에도 유리하다. 앞날을 예측할 수 있다는 것은 마음에 안정을 가져다준다.

유명한 직장에서 월급을 받는 경우 자존감에도 도움이 된다. '삼성맨'처럼 직장의 명성이 자신의 것이 되기 때문이다. 하지만 월급쟁이의 장점은 곧 단점이기도 하다. 거의 모든 월급쟁이는 자신의 몸값을 정할 수 없다. 주는 대로 받아야 한다. 회사가 어려우면 월급이 밀리기도 하고 깎이기까지 한다. 안정된 살림살이와 대출 때문에 불합리한 일을 겪어도 직장을 그만둘 수 없다. 월급쟁이는 미래를 예측할 수 있지만 이제는 어디까지나 짧은 미래다. 자신이 임원이 될 수 있을 것이라고 장담하는 직장인은 아직까지 만나 보지 못했기 때문이다. 조금만 길게 내다보면 앞날이 불안하다. 자신의 직함 역시 직장에서 잠시 빌려준 것뿐이다. 직장에서 나가면 다시 아무것도 아닌 존재가 된다.

고등학생 때는 수업 시간이 하루에 6교시나 되는 것이 길다고 생각했다. 그리고 한 달 남짓한 방학 기간은 정말 짧다고 생각했다. 그러나 돌이켜 보면 학기 첫날이나 말에는 수업 시간에 수업을 안 하고 노는 시간이 많았다. 체육 시간은 축구나 농구로 스트레스를 푸는 시간이었고, 점심시간은 친구들과 밥 먹고 떠드는 시간이었다. 아프면 양호실에 누워서 낮잠을 잘 수도 있었다. 하지만 그때는 하루라도 이 지옥 같은 생활을 졸업하고 어른이 되고 싶었다. 그러나 월급쟁이가 된 뒤로는 방학이 없다. 1년 치 유급 휴가를 모두 합해도 봄 방학만도 못하다.

6교시는커녕 야자 끝나는 시간보다 늦게 퇴근하는 날이 대부분이다. 점심때도 불편한 상사와 항상 같이 밥을 먹어야 한다. 아파도 내 업무를 누가 대신 해 주지 않고 병가를 내려면 거짓말을 하지 않았다는 증거 자료를 제출해야 한다. 직장에서 하는 체육 활동은 휴일을 좀먹는 최악의 이벤트다.

내가 학생 때 열심히 공부를 했던 이유는 자유로워지고 싶었기 때문이다. 이번 시험만 끝나면, 이번 학기만 끝나면, 졸업하기만 하면 조금 더 자유로워질 것이라고 생각했다. 하지만 현실은 반대였다. 공부할 것은 더 많아지고 귀가는 늦어지고 휴가는 짧아졌다. 내가 해 왔던 노력은 자유로워지기 위한 노력이 아니었던 것이다.

우리는 월급을 받기 전부터 월급쟁이였다. 어릴 적부터 월급쟁이가 되기 위해 노력했기 때문이다. 그 결과 스스로 현대판 노예인 월급쟁이가 되었다. 그 배경에 잘못된 교육이나 사회 구조가 있다고 해도 받아들인 것은 결국 자신이다. 세상을 탓해도 달라지는 것은 없다. 달라질 수 있는 것은 자신뿐이다. 월급쟁이가 어떤 의미인지 깨닫는 것이 그 변화의 첫걸음일 것이다.

월급은 일한 시간에 비례하지 않는다

02

중요한 질문은 "당신이 얼마나 바쁜가?"가 아니다.
"당신이 무엇에 바쁜가?"가 핵심 질문이다.
– 오프라 윈프리

응급실 인턴을 시작한 첫날, 자정이 되어야 처음으로 화장실에 갈 수 있었다. 식사는커녕 물 한 모금도 마시지 못했다. 새벽에도 눈 붙일 시간조차 없었다. 카운터 인턴에게 인수인계를 하고 집에 와서 침대에 누웠다 눈을 뜨면 출근할 시간이었다. 근무 시간이 이틀에 26시간 정도였다. 응급실 인턴은 그나마 쉬는 날이 확실한 편이었다. 흉부외과 인턴 때는 한 달 동안 딱 두 번 밤 10시쯤 퇴근할 수 있었다. 반대로 마취과 인턴 때는 편했다. 저녁 6시 전에 퇴근하는 날도 많았다.

근무하는 과마다 근무 강도나 시간은 천차만별이었다. 하지만 월급 실수령액은 250만 원 전후로 일정했다. 당직 수당도 하룻밤에 1만 원으로 고정이었다. 시급으로 계산하면 2009년 최저 임금인 4,000원에 근접한 달도 있었다. 월급이 일정하기 때문에 근무 시간이 길면 시급이 오히려 내려갔다.

인턴으로 일할 당시에는 굉장히 불합리하다고 느꼈다. 하지만 지금은 아니다. 레지던트가 되어 인턴과 같이 일을 해 보면 답답한 경우가 많기 때문이다. 인턴은 모르는 게 많고 실수도 있기 마련이다. 레지던트는 인턴이 사고를 내지 않았는지 항상 신경 써야 한다. 이제 일에 익숙해졌다 싶으면 기존에 인턴은 떠나고 새로운 인턴이 들어온다. 처음부터 다시 가르쳐야 한다.

인턴은 '수련의'라고 부른다. 배우는 입장인데 월급을 받는 것이다. 레지던트(전공의)도 마찬가지다. 전공과목을 배우면서 월급을 받는 의사다. 배우면서 돈도 벌고 전문의 자격증도 취득할 수 있다. 일하는 양에 비해 월급이 적다고 생각할 수 있지만 교육비를 제하고 받는 것이라 생각하면 이야기가 다르다.

심장 수술 수업료는 얼마가 적당할까? 누구도 대답하지 못할 것이다. 하지만 해외에는 레지던트로 일하려면 오히려 돈을 내야 하는 병원도 있다. 게다가 인턴이 하는 일은 레지던트가 하는 일보다 중요도가 낮다. 채혈이나 소독처럼 의사가 아니라도 할 수 있는 일이 많은 것이다. 조금이라도 중요한 일은 레지던트의 감독과 허락 하에서 수행한다. 인턴 혼자서 책임지는 일은 거의 없다.

또 인턴은 못해도 되지만 레지던트는 반드시 해내야 하는 경우가 많다.

신생아 중환자실에서 일할 때, 채혈이 어려운 환아가 많았다. 내가 실패하면 레지던트가 채혈을 했다. 하지만 레지던트가 실패하면 그다음은 없었다. 실핏줄조차 보이지 않는 환아로부터 채혈을 해내는 모습을 볼 때마다 책임의 무게가 다르다는 것을 느꼈다.

영상의학과 레지던트 1년 차는 하는 일이 별로 없다. 특히 초반에는 근무 시간 내내 배우기만 한다. 레지던트를 교육하느라 오히려 업무가 지체된다. 그럼에도 불구하고 4년 차 레지던트와 월급이 비슷하다. 월급을 가불받는 셈인 것이다. 직급이 올라갈수록 책임이 커지고 배우는 양보다 가르치는 양이 많아진다. 그러면서 급여도 오르고, 근무 시간은 오히려 줄어든다.

의사뿐만 아니라 다른 직장도 마찬가지다. 취직하면 직무 교육을 받으면서 급여도 받는다. 모두 가불인 셈이다. 직무 교육이 끝났어도 사내 교육을 받아야 하고 승진을 하거나 부서가 바뀔 때마다 새로운 업무를 배운다. 하지만 이때도 회사는 수업료를 받지 않는다. 월급에서 제하고 업무를 늘려서 회수한다. 세상에 공짜는 없다.

월급은 고용주에게 제공한 자신의 가치에 비례한다. 매일 밤까지 야근을 하는 사원보다 한 시간만 일해도 매출에 크게 기여하는 아이디어를 내는 사원이 월급을 더 많이 받는다. 상사는 당신의 근무 시간에 관심이 많겠지만 월급은 상사가 주는 것이 아니다. 회사는 당신이 몇 시간 일하든 관심이 없다. 야근을 해 봤자 야근 수당을 축낸다고 생각할 뿐이다. 회사는 당신이 얼마나 중요한 일을 하는지에만 관심이 있다.

CEO의 결정은 회사의 운명을 좌우한다. 하워드 슐츠는 쓰러져 가는 스타벅스를 세계 최고의 브랜드로 만들었다. 그 덕분에 수많은 파트너들이 스타벅스에서 일하고 있다. 스티브 잡스 역시 망해 가는 애플에 돌아와 회사를 다시 일으켜 세웠다. 그 덕분에 애플 및 계열사 직원들이 직장을 유지하고 있다.

CEO가 높은 연봉을 받는 이유는 근무 시간이 길어서가 아니다. 항상 옳은 판단을 할 수 있거나 실패에 책임을 질 수 있어서도 아니다. 중요한 결정을 내릴 자격이 되기 때문이다. 그가 내린 판단이 옳을 가능성이 높은 것이다.

병원에서 일하는 모든 사람들은 거의 비슷한 시간을 일한다. 하지만 의사와 접수창구 직원의 월급은 10배 이상 차이가 난다. 이는 의사가 병원에 벌어다 주는 돈이 그만큼 많기 때문이다.

직업에 귀천은 없다. 하지만 조직에서 중요한 역할과 덜 중요한 역할은 있다. 접수창구 직원이 휴가를 간다고 해서 병원 매출이 줄어들지는 않는다. 하지만 의사가 휴가를 가면 외래 진료를 할 수 없으므로 매출이 감소한다.

월급을 결정짓는 마지막 요소는 바로 월급 수령자의 만족이다. 월급이 적다고 생각하면 취직을 안 하면 된다. 모르고 취직했다면 그만두거나 이직하면 된다. 하지만 그러지 않는 이유는 자신의 가치를 올리거나 이직하거나 사업을 시작하는 것보다 이대로 있는 것이 낫다고 판단하기 때문이다. 혹은 미래에 더 많은 월급을 받을 수 있기 때문이기도 하다.

상사의 높은 월급은 부하 직원들을 자극한다. 대리는 자신의 월급이 아니라 과장이나 부장의 월급을 바라보며 일한다. 승진하기 위해 월급 이상의 업무를 해낸다.

과거 병원에는 '무급 펠로우'가 있었다. 월급을 받지 않으면서 펠로우 과정을 밟는 것이다. 교수가 되고 싶은데 펠로우 자리가 다 찼을 때 선택할 수 있는 방법이다. 이처럼 월급을 안 받아도 괜찮다는 사람만 있으면 월급이 0원이 될 수도 있다. 월급의 일부를 교수에게 토해 내는 대학원생이나 포닥도 마찬가지다. 인정하기 싫겠지만, 모두 자신이 선택한 근무 조건이다. 누구도 강요하지 않았다.

인턴 시절, 근로기준법에 어긋나는 근무 조건에도 불구하고 그만두는 사람은 거의 없었다. 인턴 과정을 시작하기 전에 각오했기 때문이다. 인턴의 월급이나 업무도 모르고 지원한 사람은 없었다. 근무 조건에 만족했기 때문에 과정에 지원한 것이다. 다른 선택지가 없었다고 푸념하는 사람도 있었다. 하지만 의과대학을 선택한 것은 자신이다. 자퇴하거나 전공을 바꿀 기회도 있었다.

회사 빌딩 주변에는 근무 시간에도 많은 직장인들을 볼 수 있다. 그들은 모여서 담배를 피우고 커피를 마시며 담소를 나눈다. 사무실의 직원들은 상사의 눈을 피해 메신저로 수다를 떨고 게임을 하거나 인터넷 서핑을 즐긴다. 출장 시간을 넉넉하게 보고하고 사우나를 즐기는 직원도 있다. 야근을 하지도 않으면서 야근 수당을 챙기기 위해 저녁에 일한 것처럼 보고를 올리기도 한다.

직장도 직원의 근무량이 근무 시간에 비례하지 않는다는 것을 안다. 그리고 직원마다 같은 시간 동안 해내는 일이 다르다는 것도 안다. 직장과 직원은 주고받는 관계다. 직장은 직원의 시간을 구입하지 않는다. 직원이 직장의 시간을 아껴 준 만큼 대가를 지불할 뿐이다. 월급은 일한 시간에 비례하지 않는다는 것을 기억하자.

03

세상 어디에도
철밥통은 없다

아무런 위험을 감수하지 않는다면 더 큰 위험을 감수하게 될 것이다.
– 에리카 종

나는 한때 아버지와 같은 초등학교 교사가 되고 싶었다. 초등학생을 가르치는 일은 어렵지 않아 보였고, 매년 방학이라는 유급 휴가가 있는 것도 부러웠다. 무엇보다 정년이 보장된다는 것이 가장 큰 매력이었다.

IMF 사태 때 작은 집으로 이사를 가는 친구들과 달리 우리 집은 언제나 평화로웠다. 덕분에 정년이 보장되는 직업을 가져야 화목한 가정을 지킬 수 있다는 사실을 일찍부터 깨달았다. 내가 의대를 선택한 것도 이런 이유 때문이었다.

내 주변에는 5급 공무원 시험이나 공기업 공채 시험을 준비하던 사람이 여럿 있었다. 똑똑한 친구들이 몇 년씩 열심히 준비해

도 합격하지 못할 정도로 경쟁이 치열했다. 그들이 공부하는 교재
와 기출 문제를 보니 의대 공부가 훨씬 쉬워 보였다. 대부분의 지
인들은 몇 번의 낙방 끝에 포기하고 일반 기업에 취직했다. 시험
을 준비하면서 써 버린 시간과 돈은 모두 무의미해졌다. 처음부터
취직을 목표로 공부했다면 승진도 빨랐을 것이고 돈도 더 많이
모았을 것이다. 하지만 시험에 도전하기로 했던 결심 자체를 후회
하는 사람은 없었다. 도전조차 하지 않았으면 평생 아쉬움이 남
았을 것이기 때문이다.

공무원이나 공립학교 교사 같은 직종을 '철 밥그릇'이라고 부
른다. 이런 곳에서는 중징계를 받지 않는 이상 월급이 계속 나오
고 정년까지 신분이 보장된다. 치열하게 경쟁할 필요도 없고 경기
가 좋지 않아도 걱정할 필요가 없다. 그리고 또 다른 장점은 바로
연금이다. 긴 세월 동안 연금 보험료를 꾸준히 납부할 수 있기 때
문에 퇴직 후 받는 연금도 많을 수밖에 없다. 게다가 공무원 연금
이나 사학 연금 같은 특수직역 연금은 국민 연금에 비해 혜택이
많아서 노후를 대비하기에도 유리하다.

아버지께서 평생 몸담으셨던 교직은 과거에는 정말 좋은 철밥
통이었다. 당시 교대는 2년제라서 남들보다 빨리 돈을 벌 수 있었
다. 게다가 지금처럼 입시나 임용고시 경쟁이 치열하지도 않았다.
가난한 시골 집안의 셋째 아들이었던 아버지로서는 교사가 최선

의 선택이었다.

아버지는 비록 큰 부자는 되지 못했지만 상경해서 자기 명의로 된 아파트에서 연금을 받고 살고 있으니 아버지의 선택은 틀리지 않았던 것 같다. 하지만 이것은 어디까지나 과거의 이야기다. 나는 철밥통이라고 불리는 직종이 더 이상 매력이지이지 않다고 생각한다.

첫 번째 이유는 그 밥그릇의 크기가 작다는 것이다. 지금 철밥통이라는 소리를 듣는 공무원이나 교사 같은 직종은 옛날에는 인기가 없었다. 스펙이 좋은 사람은 모두 대기업에 취직했다. 비싼 학비를 내고 좋은 대학을 나온 사람이 박봉을 받는 공무원이 될 이유가 없는 것이었다. 9급 공무원 시험에 박사 출신이 응시하거나 합격 경쟁률이 100:1을 넘기는 광경은 상상도 할 수 없었다. 그렇다면 지금의 인기는 언제부터 시작된 것일까?

1997년 IMF 사태 때문에 생긴 것이다. 잘나가던 대기업이 줄도산하고 수많은 사람들이 직장을 잃었다. 한때 잘나가던 사람도 하루아침에 생계를 걱정하는 처지가 되는 광경을 많은 사람들이 목격했다. 그때부터 최고의 직장은 해고되지 않는 자리라는 분위기가 형성되었다. 그 결과 철 밥그릇을 원하는 지원자의 스펙이 지나치게 높아졌다. 그러나 이런 높은 경쟁률을 뚫고 합격해서 받는 월급은 결코 많지 않다.

2017년 공무원 봉급표에 따르면 9급 1호봉의 기본급은 139만 3,500원, 7급 1호봉은 173만 1,400원, 5급 1호봉은 238만 8,800원이다. 교사는 7급과 비슷하다. 세전 급여이긴 하지만 각종 수당과 복지 포인트를 합하면 실제로 받는 금액은 더 올라갈 것이다. 높은 호봉에서 시작할 수도 있고 높은 급으로 승진할 수도 있다. 하지만 월급이 상승하는 폭을 볼 때 누적 수입은 그리 크지 않다. 공직자의 0.1%도 안 되는 2급의 20호봉 기본급이 565만 8,800원이다. 많다고 느끼는 사람도 있겠지만 그렇지 않을 수도 있다.

의사는 인턴이나 레지던트 때는 세후 200만 원 중·후반대의 급여를 받지만, 전문의가 되면 과에 따라서 월 1,000만 원 이상도 받을 수 있다. 30대에 월 2,000만 원 이상을 받는 의사도 적지 않다. 여기서 단순히 의사의 급여를 말하는 것이 아니라 의대 입시보다 어려운 관문을 뚫고 손에 넣은 월급치고는 너무 적다는 뜻이다. 적은 월급이 안정된 고용의 대가라고 생각할 수도 있지만 현실은 만만치 않다.

철밥통이라도 크기가 작으면 배고플 수밖에 없다. 공무원의 경우 겸업 금지의 원칙 때문에 다른 일도 못한다. 만약 합격하는 데 많은 비용과 시간을 들였다면 월급이 더욱 적게 느껴질 수도 있을 것이다.

두 번째 이유는 직장에 대한 만족도가 높지 않다는 것이다. 해고될 염려가 없는 직장에 다니면 행복할 것 같지만 실제로 행복한 사람은 많지 않다.

9시 출근 6시 퇴근이 보장되는 공무원이라도 직장에서 받는 스트레스는 결코 적지 않다. 공무원이나 교사는 민원인이나 학부모에게도 시달릴 때가 많다.

OECD '2013년 교수 학습 국제조사'의 결과에 다르면 "교사가 된 것을 후회한다."라는 우리나라 교사 비율은 20.1%, 평균 9.5%로 회원국 중 가장 높았다. 예전에 알고 지내던 교사도 날마다 찾아오는 학부모들 때문에 힘들다고 하소연을 했다.

예전에 아버지가 중학교에서 수업하는 장면을 찍은 동영상을 본 적이 있었다. 수업에 집중 안 하고 떠들고 말 안 듣는 학생들을 보니 화가 나면서도 숙연해졌다. 물론 이보다 더한 스트레스를 받는 직장이 더 많을 것이다. 철밥통이라면 해고될지도 모른다는 두려움 때문에 경쟁에 내몰리지 않아도 된다. 하지만 스트레스는 상대적인 것이다. 높은 경쟁률을 뚫기 위해 들였던 노력에 비해 낮은 봉급과 생각보다 높지 않은 사회적 지위에 평범한 직장 스트레스가 더해지면 마냥 행복하지 않을 것이다.

세 번째 이유는 철밥통도 해고될 수 있다는 것이다. 신의 직장이라 불리던 기업도 부도가 날 수 있다. 공기업도 민영화되면 고용 조건이 달라진다. 20대에 취업을 해서 정년까지 40년이 넘는 세월 동안 안정적으로 월급을 줄 수 있는 곳은 드물다. 심지어 국가도 완벽한 고용을 보장하지 못한다. 국가도 부도가 날 수 있기 때문이다.

실제로 IMF 사태 때 많은 공무원과 공기업 직원들이 직장을 잃었다. 경제 위기가 아니더라도 작은 정부를 지향하는 정권이 들어서면 기존의 공무원도 해고될 수 있는 것이다.

사람들이 상상하는 철밥통은 크기도 넉넉하고 깨끗하고 튼튼하다. 하지만 이제 이런 그릇은 없다. 현실의 철밥통은 크기도 작고 구질구질하며 생각보다 약하다. 안정된 직장만 손에 넣으면 인생의 모든 문제가 해결될 것이라고 믿는 것은 위험하다. 안정된 직장이 경제적 자유나 행복을 보장하지 않는다는 사실을 명심하자.

04

인생은 길고
직장 생활은 짧다

'인구보건협회'가 2016년 10월 19일에 발간한 유엔인구기금의 '2016 세계인구현황'에 따르면 한국인의 평균 기대수명은 남성이 80세, 여성이 86세라고 한다. 기대수명은 꾸준히 증가하는 추세로, 곧 있으면 100세까지 사는 호모 헌드레드(homo-hundred) 시대가 올 것이다. 그러나 '백년해로(百年偕老)'라는 말처럼 오래 살면 낭만적일 것 같지만 현실은 반대다.

62세까지 일하면 오적이라는 '육이오', 56세까지 일하면 도둑이라는 '오륙도', 45세가 정년이라는 '사오정'은 이제 식상하다. 최근에는 38세까지 직장에 다니면 선방했다는 '삼팔선'에 체감 퇴직 연령이 36.5세라는 것을 빗대는 '체온퇴직'이라는 신조어도 생겼다. 게다가 20대 태반이 실업자라는 '이태백'이라는 말까지 있으니 실제로 직장에 다닐 수 있는 시간은 20년도 채 안 되는 셈이다. 게다가 그 20년도 대학원을 다니고 자격증 시험 준비를 하는 '샐러던트(saladent)'로 지내야 한다.

100년의 세월 중 20대 중반까지는 보호자가 챙겨 준다고 해도 나머지 70여 년은 스스로 개척해야 한다. 35년 동안 월 평균 400만 원을 받을 경우 매달 200만 원은 저금해야 퇴직한 다음에도 현재 가치로 월 200만 원 정도의 생활비를 유지할 수 있다. 그러면서 결혼하고, 집과 차를 사고, 자녀들을 교육시키고 결혼시켜야 한다. 늙어 병들면 병원비도 내야 한다.

'평생직장'은 이미 과거의 유물이다. 기업은 이윤을 내기 위해 월급을 주고 직원을 고용할 뿐이다. 고용 안정을 위한 안전장치는 눈속임에 불과하다. 기업은 밥값 못하는 직원을 용납하지 않는다. 수단과 방법을 가리지 않고 내쫓는다. 주인이 노예의 인생을 책임지지 않듯 회사는 현대판 노예인 직장인의 인생을 책임져 주지 않는다.

취업에 성공했다면 당장은 기쁠 것이다. 첫 월급으로 부모님께 용돈을 드리고 친구들에게 밥 한끼 살 수 있다. 하지만 기쁨은 거기까지만 만끽하고 계산을 해야 한다. 자신이 이 직장에서 얼마나

오랫동안 일할 수 있을지, 대기업이라면 임원이 될 수 있을지를 따져 봐야 한다. 그것을 바탕으로 퇴직할 때까지의 누적 수입이 얼마가 될지를 계산한다면 아마 대부분 부족한 누적 수입만 올린 채 실업자가 되는 견적이 나올 것이다.

직장에서의 직함이 자신의 전부였다면 직장을 나서는 순간 백수가 된다. 수입은 끊기고 명함에는 자신의 이름과 전화번호만 남는다. 모아 둔 돈이 충분하면 굶지는 않겠지만 그것뿐이다. 열심히 직장을 다니던 사람이 퇴직을 하면 금방 늙는다고 한다. 환경이 변한 탓도 있지만 심리적인 영향이 가장 크다. 자신을 필요로 하는 사람이 없다는 생각이 스트레스가 되는 것이다. 하지만 직장을 나와도 여전히 기운이 넘치는 사람들이 있다. 이들은 직장에서 나와도 계속해서 수입을 창출하고 명함도 당당히 내민다. 그들의 명함에는 자신이 다니는 직장이 아니라 자신의 직업이 새겨져 있다. 이런 사람들에게 직장은 거쳐 가는 곳에 지나지 않는다. 직업 자체가 세상에서 사라지지 않는 한 자신을 필요로 하는 곳을 계속 찾을 수 있다.

이제는 '평생직업'의 시대다. 과거에는 의사나 변호사 같은 전문직만 평생직업이 가능했다. 전문직은 해당 분야의 지식을 독점하는 것은 물론 경험이 쌓일수록 전문성을 더욱 인정받고 개인 병원이나 법률 사무소처럼 1인 창업이 가능하다는 특징이 있다.

회사원이 늙어서 은퇴하면 퇴물 취급을 받지만, 대학병원 교수는 은퇴하면 최고의 대우를 받으며 다른 병원에서 모셔 간다.

검사나 판사는 오히려 퇴직해야 전성기가 찾아온다. 그러나 최근에는 전문직이 아닌 직종에서도 평생직업을 보유한 사람들이 많아지고 있다. 주로 외주를 받아서 일을 하는 디자이너는 물론 세일즈맨, 마케터, 인사관리자, 기자, 프로그래머와 같은 직종에도 프리랜서가 흔해지고 있다.

어떤 분야든 높은 전문성을 갖추고 퍼스널 브랜딩이 된다면 정년에 연연하지 않고 일할 수 있다. 이들은 기업과 프리랜서 계약을 맺고 일하기도 하지만 1인 창업을 해서 강연이나 코칭을 통해 수익을 창출하기도 한다. '한국영업인협회'의 심길후 회장은 다양한 직장에서 영업했던 경험을 살려 다른 사람들에게 영업 비법을 가르치며 엄청난 수익을 올리고 있다.

직장만 있고 직업이 없는 사람은 직장에 있는 동안 반드시 자신의 직업을 만들어야 한다. 어렸을 때 가졌던 꿈, 대학교 전공, 자격증, 거쳐 온 직장과 직함 그리고 앞으로 하고 싶은 일을 모두 종합해 가장 적합한 직업을 한 개 이상 찾아야 한다. 뚜렷한 직업이 떠오르지 않는다면 끝에 '전문가'를 붙여 보자.

홍보부에서 일한 경력이 있고 그 일이 재미있었다면 '마케팅 전문가', 내용과 상관없이 파워포인트나 키노트로 발표 자료를 만드는 것에 흥미가 있다면 '프레젠테이션 전문가', 어느 직장에 가도 사람들과 잘 어울릴 자신이 있다면 '직장 내 인간관계 전문가'를 직업으로 삼아 보자. 이름이 이상해도 걱정할 필요는 없다. 인터넷으로 조금만 찾아보면 이미 그 이름으로 일을 시작한 사람이 있는 경우가 많다.

직장이 없을 때도 자신의 직업을 생각해야 한다. 갈고닦아야 할 것은 자신이 택한 직업과 관계된 역량이다. 따라서 직장을 고를 때도 배움의 관점으로 보아야 한다. 어차피 평생 직장이 없다는 것을 받아들인다면 남들이 좋다고 하는 직장에 대한 욕심도 내려놓을 수 있다. 근무 조건만 보고 직장을 고르는 것은 '노예'를 직업으로 선택하는 것이나 마찬가지다. 혹사당한 끝에 쫓겨날 뿐이다.

평생 직업이 필요한 또 다른 이유는 성취감 때문이다. 사람은 자신이 점점 발전한다고 느낄 때 행복을 느낀다. 작은 성취만 있어도 열악한 현실을 이겨 낼 수 있다. 내가 고3 시절을 버틸 수 있었던 것도 꾸준히 올랐던 모의고사 성적 덕분이다. 몸이 고된 인턴 시절에도 의사로서 성장했다는 느낌에 뿌듯했던 적이 많았다.

반대로 작은 성취조차 없으면 몸이 편해도 불행할 수 있다. 영상의학과 레지던트는 매달 새로운 파트로 이동한다. 초반에는 인수인계를 받고 배우느라 지겨울 틈이 없다. 하지만 중반을 넘기면 매너리즘에 빠진다. 새로 배우는 증례는 없어지고 항상 보던 증례만 반복해서 판독하게 되기 때문이다. 골프나 게임도 초보 시절이 오히려 행복한 법이다. 실력이 더 이상 좋아지지 않는 시점이 도달하면 슬럼프가 온다.

인생도 마찬가지다. 살아가면서 작은 성취조차 없으면 사는 것도 질린다. 돈만 있다면 백수로 살아 보고 싶은 사람은 공감하기 힘들 것이다. 하지만 나는 공중보건의 복무 3년을 겪어 보았다. 믿기 어렵겠지만 3년도 정말 지겨웠다. 젊을 때도 이러한데 늙어서 노는 30년은 얼마나 지겨울지 상상하기 싫었다.

연금이 잘 나오는 은퇴자도 일해서 돈 벌고 학원을 다니거나 책을 읽으면서 새로운 지식을 배워야 하는 이유가 이것이다. 돈 걱정이 없으면 억지로라도 취미를 찾아야 한다. 하지만 경제적으로 여유롭지도 않다면 평생직업을 갖는 것이 최선이다.

직장에 다니는 사람도 성취가 없어지면 견디기 힘들어진다. 업무에 익숙해져 더 이상 배울 것이 없어지는 시점부터 직장은 지긋지긋한 곳이 된다. 자신이 회사의 부품이 된 기분이 들기 시작한다. 승진이나 임금 상승은 너무 가끔 있는 성취다.

하루라도 빨리 평생직업을 정하고 역량을 키우며 퇴직 후의 삶에 대비해야 한다. 이런 과정에서 매일 얻는 성취가 매너리즘에 빠진 직장생활에 즐거움을 가져다줄 것이다.

인생은 점점 길어지고 세상이 변하는 속도는 더욱 빨라지고 있다. 영원히 번영할 것 같던 대기업이 사라지는 광경도 더 이상 낯설지 않다. 직장에서 일할 수 있는 시기는 점점 짧아질 것이다. 지금은 평생직업을 가진 사람만이 살아남을 수 있는 시대다. 하지만 한때 유망했던 직업이 사라지는 경우도 있다.

미래에는 '평생직업'도 없어지고 '평생 도전'만 남을지도 모른다. 인생은 길고 직장 생활은 짧다. 이제는 직장이 인생의 전부라는 안일한 생각에서 벗어날 때다.

05

부자와 빈자의
결정적인 사고방식의 차이

인생에 있어서 성공의 비결은 성공하지 않은 사람들에게 있다.
– 콜린즈

복지서비스 전문기업 '이지웰페어'가 2014년에 직장인 1,665명을 대상으로 '안정적인 노후대비를 위해 직장인들이 선호하는 주요 투자 수단'을 조사한 결과 30.3%가 개인연금, 29.7%가 저축, 22.8%가 국민·퇴직연금 순이었다. 노후생활이 염려되는지에 대해 직장인 83.6%가 '그렇다'라고 대답했고, 그 이유로는 경제적 빈곤이 48.3%로 가장 많았다.

직장인의 '노후'는 무엇일까? 노후는 오래되고 낡아 제구실을 하지 못한다는 뜻이다. 그러나 정년을 채운 은퇴자들도 제구실을 하지 못할 정도로 낡은 상태는 결코 아니다. 그들은 모두 은퇴 직전까지도 업무를 보던 베테랑 직장인이다. 일을 못할 정도로 늙고 노쇠하여 은퇴하는 사람은 아무도 없다.

살 수 있는 시간이 30년도 더 있는 시점부터 노후를 맞이해야 하는 이유는 간단하다. 국가나 기업이 그렇게 정했기 때문이다. 나이가 들면 은퇴해야 하는 이유는 많지만 그중에 은퇴자를 배려하는 이유는 없다. 침침한 눈으로 개인택시를 모는 것은 괜찮아도 책상에 앉아서 업무를 보는 것은 안 되는 것이 현실이다. 직장인이 할 수 있는 것이라고는 은퇴 날짜가 최대한 늦게 오길 기도하는 것뿐이다.

대부분의 사람들은 퇴직하고 나면 소득이 없다고 생각한다. 직장에서 월급을 받는 것 외에는 소득을 만들어 본 적이 없기 때문이다. 그래서 월급과 가장 가까운 '연금'에 목을 맨다.

연금이 매달 나오면 '월급쟁이'와 비슷한 삶을 이어 갈 수 있다. 연금 수령액이 직장에서 받던 월급보다 적어도 거기에 맞춰 살면 된다. 실제로 많은 직장인들이 연금으로 걱정 없이 생활하는 노후를 꿈꾼다. 그래서 매일 아침 출근하기 싫다고 비명을 지르는 한편 가능한 오랫동안 일하고 싶다고 매달리는 모순을 안고 살아간다. 물론 연금을 받으며 유유자적하게 보내는 노후는 인생 목표로 삼아도 될 만큼 훌륭하다.

평일에도 일요일처럼 늦잠 자도 되고 온종일 TV를 봐도 되고 여행도 가고 싶을 때 가면 된다. 그동안 하고 싶었던 취미 활동이나 봉사 활동을 마음껏 하며 보람 있는 노후를 보내는 은퇴자들도 많다. 하지만 이제는 늙기도 전에 은퇴해야 하고 연금만으로는 걱정 없이 살기 힘든 시대다.

2006년 임용돼 30년 재직 후 2급 공무원으로 임기를 마치는 5급 공무원의 첫 달 연금 수령액은 213만 원이라고 한다. 2016년에 신규 임용된 5급 공무원의 첫달 연금액은 205만 원이다. 30년 물가상승률을 고려하면 충분하다는 생각은 안 들 것이다. 정년이 보장되는 공무원이 이 정도다.

국민연금에 가입된 사람은 일찌감치 개인연금에 따로 가입해야 이 정도 연금수령액을 만들 수 있다. 하지만 공무원보다 짧은 근무 기간 동안 연금 보험료를 납입해야 하니 부담이 더 클 수밖에 없다. 수익형 부동산에 퇴직금이 몰리는 것도 연금의 연장선이다. 주거와 월세가 모두 해결되는 점포 겸용 단독주택용지 청약 경쟁률은 수천 대 일이 넘고 웃돈도 보통 수억 원이다. 은퇴 후 수령하는 연금으로는 부족하기 때문에 뒤늦게 월세라도 받아서 보충하려는 것이다.

월급쟁이는 매달 수입이 달라지는 상황을 견디지 못한다. 자산이 시간에 정비례해서 증가해야 마음이 놓인다. 더 많이 벌 수 있는 방법이 있어도 더 적게 벌 확률이 조금이라도 있으면 결코 시도하지 않는다. 돈이 부족해도 더 많이 벌 방법이 없다고 생각한다. 그래서 전기세, 난방비, 식비, 여가비 등을 아끼며 살아간다. 미래의 가난을 대비해 미리 가난하게 사는 것이다. 그렇게 평생 빈자의 마음으로 살아간다. 하지만 자신을 월급쟁이라는 한계에 가두지 않는 부자의 사고방식을 가진 사람은 다르다. 이들은 월급이 자신이 벌 수 있는 돈의 전부라고 생각하지 않는다. 승진하면서 늘어나는 월급보다 더 많은 수익을 창출할 방법을 고민한다. 은퇴 날짜를 최대한 미루는 것이 아니라 조기 은퇴를 계획한다. 부자는 돈이 부족하면 더 벌면 된다고 생각한다. 미래에 더 많이 벌 것이라 믿기 때문에 허리띠를 졸라매며 살지 않는다.

월급은 평범한 직장인의 평생 소득 중 거의 대부분을 차지한다. 예금 이자로 번 돈은 월급에 비하면 아주 적다. 주식은 마이너스만 아니면 다행이다. 이들은 실업자가 될 미래를 오직 월급 하나로 준비한다.

수익형 부동산은 퇴직금을 받은 다음에야 겨우 마련하고 평생 힘들게 장만한 집은 주택연금 담보로 넘긴다. 하지만 부자의 길을 선택한 사람의 경우, 월급은 평생 소득의 일부에 지나지 않는다. 이들은 일찌감치 월급이 아닌 소득을 만들기 시작한다. 시간이 갈수록 월급이 아닌 소득이 점점 늘어난다. 사람에 따라서는 직장을 일찍 떠나기도 한다. 또한 투자에 임하는 자세도 다르다. 이들은 퇴직금처럼 충분한 종잣돈 생기길 기다리지 않는다. 대신 월급을 받을 때 대출을 받기 유리하다는 점을 이용해 수익을 극대화한다.

이들에게 연금은 관심사가 아니다. 노후를 대비하기 위한 개인연금은 절대 들지 않는다. 부자는 투자 목적으로 보유한 다수의 주택 때문에 주택연금을 이용할 수도 없고 그럴 필요도 없다.

부자의 사고방식을 가진 사람에게는 노후가 없다. 직장과 연금이 없어도 계속 돈이 들어오기 때문이다. 이들은 배당금, 임대료, 프랜차이즈 수수료, 인세, 인터넷 강의 수강료, 홈페이지의 배너 광고비 등으로 365일 24시간 돈을 번다. 퇴직했을 때 중단되는 소득은 월급밖에 없다. 퇴직하고 나면 퇴직금과 늘어난 시간을 활용해 또 다른 소득을 창출하면 그만이다. 국민연금에서 나오는 수령액은 용돈인 셈이다.

나 역시 의사 월급 이외의 수입을 만들기 위해 노력하고 있다. 일찌감치 대출을 이용해 부동산 투자를 시작했고, 책 쓰기를 배워 작가로 데뷔했다. 또한 강연이나 창업 등 다양한 수익 창출을 계획하고 있다. 3년 안에 월급과 임대료를 포함해 5가지 이상의 소득을 만드는 것을 목표로 삼고 있다. 병원에서 받는 급여가 아니더라도 수입이 충분하다면 의사로서 일하는 시간도 차츰 줄여

나갈 계획이다.

직장 일만 해도 바쁜 사람이 많을 것이다. 하지만 어느 직장에도 이런 식으로 수입을 다각화하려고 노력하는 사람은 있다. 내가 아는 사람들의 직종만 해도 중환자실 간호사, 대기업 직원, 은행원, 교직원, 공무원, 검사, 연구원, 치위생사 등으로 다양하다. 이들 모두 주말이나 퇴근 전후 시간을 활용해 월급에 대한 의존에서 벗어나기 위해 노력하고 있다.

업무가 바빠서 다른 일을 하지 못한다고 생각하는 것 역시 빈자의 사고방식이다. 돈을 버는 이유는 자유를 쟁취하기 위해서다. 따라서 바쁘면 바쁠수록 적은 시간을 일하면서 많은 돈을 벌 방법을 찾아야 한다. 바쁘다는 핑계를 대면서 매번 자신에게 포상휴가를 주는 사람은 직장에서 쫓겨나는 순간까지 계속 바쁠 수밖에 없다. 월급 외에는 생존할 방법이 없기 때문에 노예처럼 부려먹힐 수밖에 없기 때문이다. 이런 사람은 퇴직한 다음에도 생계 때문에 쉬지 못할 가능성이 높다.

빈자의 사고방식으로 노후를 대비한다면 가난한 미래가 기다리고 있을 것이다. 반면 부자의 사고방식으로 미래를 준비하면 노후는 찾아오지 않는다. 노후를 택할지 말지는 어떤 사고방식을 선택하느냐에 달려 있음을 기억하자.

06

당신이 속고 있는
월급쟁이 재테크의 비밀

착각하지 말라. 부자가 되려면 돈 이상의 것이 필요하다.
– A.P. 가우데이

나는 의대 본과 4학년 때 '엠디위너스'라는 동아리에 가입했다. '엠디위너스'는 재테크, 주식투자, 프레젠테이션과 같이 의학 외적인 분야를 같이 공부하는 동아리다. 우리는 매주 발표자의 관심 분야에 대한 발표를 듣고 같이 토론하는 시간을 가졌다. 나는 1년 뒤부터 월급을 받을 것에 대비해 사회 초년생이 실천할 수 있는 재테크를 발표하기로 마음먹었다.

나는 재테크 관련 책을 읽고 은행에서 추천하는 적금이나 비과세 저축보험 상품의 효과를 정리했다. 인턴 레지던트 시절 동안 받을 월급을 잘 굴리면 얼마까지 모을 수 있을지도 계산해 보았다. 공부하기 전에는 재테크 지식을 활용하면 더 빨리 목돈을 모을 수 있을 것이라 기대했다. 하지만 발표 준비를 하면서 내 기대는 실망으로 바뀌었다. 당시 가장 많이 참고한 책의 제목이 《대한민국 20대, 재테크에 미쳐라》였는데 내 발표의 결론은 월급 재테크로는 결코 목돈을 만들 수 없다는 것이었다. 발표를 마치자 한 회원이 "결국 티끌 모아 티끌이라는 거네."라고 말했다. 나 역시 동의할 수밖에 없었다.

취업 후 월급을 받기 시작하면 재테크에 관한 책이나 강의를 찾게 된다. 그런데 재테크에 관한 책을 쓴 사람이나 강의를 하는 강사의 프로필을 보면 대부분 금융업에 종사하는 사람이다. 돈에 관한 전문가인 그들이 하는 말은 언제나 한결같다. 가지고 있는 돈을 장기자금, 단기자금, 생활비, 비상금 등으로 나눈 다음 각각에 맞는 금융 상품에 돈을 넣으라는 것이다. 그러면서 혼자 관리할 자신이 없으면 자신이 관리해 주겠다고 덧붙인다.

최근에 공중보건의를 대상으로 하는 직무 교육이 있었다. 올해 직무 교육의 1교시도 역시 작년과 똑같은 재테크 강의였다. 프라이빗 뱅킹을 맡고 있는 재무설계사가 강사였는데, 강의도 다른 재테크 책에서 나온 내용과 똑같았다. 결국은 하루라도 빨리 금융 상품에 가입하거나 '기왕이면' 자신과 같은 재무설계사를 통해 금융 상품에 가입하라는 내용이었다.

재무설계사나 은행 직원의 말을 듣다 보면 일찍 재테크를 하면 부를 축적하는 데 큰 도움이 될 것 같은 착각이 든다. 젊을 때는 고위험 투자 상품에 매달 수십만 원씩 넣어도 될 것 같은 용기가 샘솟기도 한다. 그래서 이제 막 월급을 받기 시작한 사회초년생들 중에 적립식 펀드에 가입한 사람이 많다. 나 역시 이런 말을 듣고 펀드에 가입했다가 수백만 원을 날렸고, 10년 납입 15년 만기 저축보험에 가입했다가 해지 위약금으로 한 달 치 월급을 날렸다. 반면 내가 돈을 맡겼던 투자 은행은 펀드가 반 토막 날 때도 수수료를 챙겼다. 보험회사는 내가 5년 동안 납입한 돈을 다른 곳에 투자해 수익을 냈고 해지 위약금까지 챙겼다.

상품에 가입한 사람은 돈을 잃어도 투자 은행이나 보험회사는 절대로 손해를 보지 않는다. 수익은 투자 은행과 가입자가 나눠 갖지만 위험은 가입자가 전부 떠안도록 설계되어 있기 때문이다.

직무 교육에서 강의한 재무 설계사는 자신의 연봉이 5억 원이라고 밝혔다. 그들의 월급은 어디에서 나오겠는가? 그가 보유한 고객 중 가장 많은 돈을 맡기는 사람이 한 달에 7천만 원을 납입한다고 한다.

그가 모든 고객으로부터 받는 돈은 상상을 초월할 것이다. 그러면 그곳에서 발생하는 수수료 또한 엄청날 수밖에 없다. 따라서 고객이 맡긴 돈이 불어나든 반 토막이 나든 그들은 계속 억대 연봉을 챙길 수 있다.

홍콩에 가면 수백 개가 넘는 고층 아파트를 볼 수 있다. 홍콩에서 살아 본 지인의 말에 따르면 글로벌 투자 은행에 다니는 직원이 많이 살고 있다고 한다. 홍콩 아파트 월세는 천만 원이 넘는 곳도 많은데 투자 은행에서 내 주는 경우가 많다고 한다. 고객의 돈으로 내 주는 것이다. 이런 대접을 받는 금융가들 중 예금 이자보다 높은 수익률을 꾸준히 유지하는 사람은 거의 없다. 그런 사람은 피터 린치나 워런 버핏처럼 영웅으로 칭송받는다.

재테크의 가장 큰 효과는 이자가 아니라 절약이다. 돈을 지갑이 아닌 통장에 넣어 두면 지출이 줄어든다. 이자는 덤이다. 연이자율 2% 적금에 월 100만 원씩 1년 동안 넣으면 이자가 세금을 제외하고 1,211만 원 정도 모인다. 절약으로 모은 돈이 1,200만 원이고 이자가 11만 원이다. 11만 원은 커피를 사 마시는 빈도만 줄여도 아낄 수 있는 돈이다. 요즘 같은 저금리 시대에는 복리 효과도 기대하기 힘들다. 높은 이자율이 유지되는 투자 상품이 있으면 복리의 효과를 보겠지만 그런 상품은 없다.

운이 엄청나게 좋지 않는 한 재테크로 모을 수 있는 돈은 절약해서 모을 수 있는 돈과 별반 차이가 없다. 월급이 적으면 어떤 금융 상품에 투자해도 작은 돈밖에 못 모은다. 물론 꾸준히 수십 년을 납입하면 목돈을 모을 수 있을 것이다. 하지만 이런 식으로 부자가 되어도 허리띠를 졸라매고 돈을 모았던 과거밖에 없는 노인이 되어 있을 것이다.

직무 교육에 왔던 재무설계사가 언급한 월 7천만 원 납입 고객은 탈모 치료 병원을 운영하는 의사 부부라고 한다. 그는 마치 이 고객이 일찌감치 재무 설계를 받아서 부자가 된 것처럼 묘사했지만 내 생각은 다르다. 그 의사 부부는 병원에서 벌어들인 돈으로 부자가 된 것이고 자산을 '지키기' 위해 재무 설계를 받은 것뿐이다.

재테크로 부자가 된 사람은 없다. 부자는 소득이 높은 사람으로 고액의 연봉을 받거나 사업으로 큰돈을 벌거나 직접 투자로 큰 수익을 낸 사람이다. 소득이 낮은 사람이 재테크만으로 부자가 되는 것은 산술적으로 불가능하다.

평균적인 재테크 수익률로는 물가 상승률을 쫓아가는 게 고작이다. 평범한 월급쟁이가 부자가 된 사례를 자세히 보면 일정 수준의 목돈이 모인 시점부터 재테크가 아니라 부동산이나 주식 투자로 큰돈을 벌었다는 것을 알 수 있다. 그러지도 않았는데 주변에 부자가 된 사람이 있다면 로또 아니면 상속이다.

재테크를 하는 또 다른 목적은 분산투자다. 하지만 이것은 투자 수익을 높이는 방법이 아니다. 손해를 줄이는 방법이다. 분산투자를 한다고 수익률이 좋아지지 않는다. 한 종류의 펀드만 구입해도 여러 가지 주식과 채권에 분산투자하는 셈이다. 그런데 수익률은 어떠한가?

워런 버핏은 "분산투자는 자신이 무엇을 하고 있는지 잘 모르는 투자자에게만 알맞은 투자 방법이다."라고 말했다. 가진 돈이 적으면 적을수록 돈을 집중해 확실한 곳에 투자해야 한다. 또한 재무설계사가 말하는 분산투자는 진정한 분산투자가 아니다. 그들이 추천하는 상품은 전부 금융자산이다.

국내 및 해외 펀드를 10개씩 가입해도 글로벌 경제 위기가 오면 전부 손해 볼 수 있다. 주식이나 채권 같은 금융자산과 금이나 부동산과 같은 실물자산에 골고루 분배하는 것이 진짜 분산투자다. 그러나 이것도 수십억 원의 자산을 지켜야 하는 부자에게나 해당하는 이야기다.

평범한 월급쟁이가 부자가 되기 위해서 해야 하는 것은 재테크가 아니다. 평범한 월급쟁이에서 벗어나는 것이다. 즉, 소득을 올리거나 사업을 시작하거나 노련한 투자자가 되어야 한다. 재테크는 자기계발 비용이나 사업자금이나 투자자금을 모을 때까지만 하면 된다. 우리 부부는 현재 적금 통장이 하나도 없다. 모든 수입을 자기계발 비용과 직접 투자를 위한 투자자금으로 쓰고 있다. 수십 억 원대의 자산가가 되기 전까지는 CMA를 제외한 금융 상품에 가입하는 일은 없을 것이다.

티끌 모아 태산은 거짓말이다. 평생 모으면 작은 언덕 정도는 만들 수 있을지 몰라도 태산은 결코 만들 수 없다. 당신의 월급이 티끌이라면 재테크로 내는 수익 역시 티끌이다.

한 달에 저축하는 금액이 적으면 은행 적금과 재무설계사가 만들어 주는 포트폴리오의 수익 차이는 아주 적다. 몇 퍼센트의 수익률 차이에 신경 쓰는 시간에 다른 일을 하는 것이 낫다.

재테크로 부자가 된 사람은 없다. 부자들이 자산을 지키기 위해 하는 것이 재테크다. 월급쟁이에게 재테크는 돼지 저금통에 저금하는 것과 다를 것이 없다. 이것이 당신이 속고 있는 월급쟁이 재테크의 비밀이다.

07

월급만으로는
결코 부자가 될 수 없다

작은 성공을 만족스럽게 생각하는 사람은 큰 성공을 얻지 못한다.
– 제세 메서 게만

석유왕 존 데이비슨 록펠러는 "하루 종일 일하는 사람은 돈 벌 시간이 없다."라고 말했다. 돈을 벌려면 일을 해야 한다고 생각하는 사람은 이 말에 의문을 품을 수밖에 없다. 자수성가한 부자가 일해서 돈 벌지 않았다고 고백하는 꼴이니 말이다. 그의 말은 사실일까? 만약 사실이라면, 그는 일도 하지 않고 어떻게 천문학적인 재산을 모을 수 있었을까?

흔히 부자를 '백만장자'라고 말한다. 100만 달러는 한국 돈으로 11억 7,000만 원 정도다. 이 정도 액수로는 잠실에 중소형 아파트를 한 채 사면 끝이다. 이것도 물론 대단한 것이지만 '부자'라고 부르기에는 부족하다.

요즘에는 백만장자보다 높은 금융자산 10억 원이나 총 자산 50억 원을 부자의 기준으로 삼는다. 50억 원은 연봉이 1억 원인 사람이 한 푼도 쓰지 않고 40년 이상 모아야 만들 수 있는 액수다. 한 푼도 쓰지 않을 수는 없기 때문에 실제로는 연봉이 1억 원보다 많아야 1년에 1억 원을 저축할 수 있다. 그런데 1년에 1억 원씩 40년을 저축하는 것이 가능할까.

30대 초반부터 억대 연봉을 받는다고 가정해도 40년 동안 저축하려면 70대가 될 때까지 일해야 한다. 이렇게 일할 수 있는 직장은 없다. 설령 이렇게 벌 수 있다고 해도 70대가 될 때까지 계속 저축하면서 살면 돈 버는 의미가 없는 것이다. 돈은 쓰기 위해 버는 것이지 수집품이 아니다.

각자 억대 연봉을 받는 부부라면 50억 원을 모으는 데 걸리는 시간을 절반 이하로 단축할 수 있다. 30대 초반부터 각자 1억 원씩 저축한다면 50대면 부자가 될 수 있다.

젊은 시절 동안 소비를 절제하며 직장에서 혹사당한 끝에 부자 노부부가 되는 것이다. 이렇게 젊은 시절을 일만 하면서 보내고 늙어서 부자로 사는 것이 정말 부자다운 삶이라고 할 수 있을까?

사람들이 부자를 부러워하는 이유는 돈으로 갖고 싶은 것을 다 갖고, 하고 싶은 것을 마음껏 할 수 있기 때문이다. 즉, 돈이 많을수록 선택의 폭이 넓어진다. '경제적 자유'야 말로 우리가 부자를 부러워하는 근본적인 이유다.

부자는 돈을 많이 '버는' 사람이 아니라 많이 '쓰는' 사람이다. 벌기만 하고 쓰지 못하면 돈 버는 기계일 뿐 부자라고 할 수 없다. 진짜 부자는 돈 때문에 일하지 않는다. 이들은 일하지 않아도 충분한 돈이 들어온다. 이미 모아 둔 돈이 많은 경우도 있지만 대개는 일하지 않아도 돈이 들어오는 '시스템'을 갖추고 있기 때문이다.

이들은 자신이 골프장에 있는 동안에도 저절로 굴러가는 사업체를 가지고 있거나 시간에 따라 가치가 상승하면서 월세가 나오는 부동산을 소유하고 있다. 또 주기적으로 배당금이 나오는 주식도 가지고 있다.

학원에서 강의만 하는 영어 강사는 강의 시간에 비례해서 돈을 벌지만 인터넷 강좌 시스템을 갖춘 영어 강사는 동영상을 촬영해서 판매한다. 요리만 잘하는 맛집 주인은 눈코 뜰 새 없이 바쁘지만 레시피를 정리해 프랜차이즈를 만든 맛집 주인은 더 이상 주방에서 일하지 않는다.

사람들이 인터넷 게시판에서 밤새 이야기를 주고받는 동안 게시판 운영자는 편안하게 자면서 엄청난 광고 수익을 번다. 진짜 부자들은 자신의 몸값을 올리기보다는 돈 버는 시스템을 키우는 데 집중한다.

자신의 몸값을 올려봤자 계속 일해야 하는 현실이 바뀌지 않는다는 것을 안다. 하지만 시스템을 키우면 직접 일하지 않고도 벌어들이는 돈의 비중이 올라간다. 큰돈이 모이기 전에도 어느 정도 경제적 자유가 생긴다.

내가 즐겨 보던 웹툰 '마린블루스'와 '마조 앤 새디'의 작가인 정철연 씨도 아내 김선영 씨와 '마조웍스'라는 회사를 세우고 캐릭터 상품을 파는 사업을 하다가 36억 원을 받고 '옐로모바일'에 회사를 매각했다. 소문에 의하면 부부는 현재 세계 여행을 계획 중이라고 한다.

이처럼 젊은 나이에 억만장자 대열에 합류한 사람 중에는 자신의 판권이나 기업을 대기업에 매각하는 출구 전략을 취한 사람이 많다. 《부의 추월차선》의 저자이자 차량 예약 서비스 '리모스닷컴(Limos.com)'을 설립해 30대에 억만 장자가 된 엠제이 드마코가 그 대표적인 예다.

세상에는 착실하게 월급을 모아서 부자가 된 사람보다는 다른 경로로 부자가 된 사람이 많다. 거액을 상속받은 사람, 부자와 결혼한 사람, 복권에 당첨된 사람, 사업으로 자수성가한 사람, 연예인, 운동선수, 살던 곳이 개발되는 바람에 부자가 된 사람, 부동산이나 주식 투자로 떼돈을 번 사람이다.

월급이 많은 사람도 저축만 해서는 부자가 될 수 없다. 월급쟁이 중 부자가 된 사람은 월급이 투자나 창업처럼 돈 버는 시스템을 만들기 위한 종잣돈을 모으는 수단에 지나지 않다는 것을 안다.

직장 상사 중에 부자가 있다면 어떻게 부자가 되었는지 알아보길 바란다. 알고 보면 부모님이 돈이 많았거나 투자에 성공했거나 남몰래 사업을 하고 있는지도 모른다. 그런 줄도 모르고 열심히 일해서 승진할 생각만 했다가는 크게 후회하는 것이다.

내가 만나 본 의대 교수 중에는 부자가 상당히 많았다. 그런데 알고 보니 집안이 대대손손 의사를 했다거나 일가친척이 모두 엘리트 계층인 경우가 대부분이었다.

부자가 되기 위해서는 몸값을 올리는 방법 이외의 길을 찾아야 한다. 신데렐라나 흥부처럼 결혼이나 로또로 팔자를 고칠 계획이 아니라면《부의 추월차선》에 소개된 다음의 우화를 기억하길 바란다.

이집트 파라오가 젊은 조카 추마와 아주르에게 피라미드를 지어 바치라고 명령했다. 파라오는 그 대가로 왕자의 지위와 부귀영화를 약속했다. 여기에 한 가지 조건을 달았는데, 반드시 피라미드를 혼자서 건설해야 한다는 것이었다.

아주르는 즉시 일을 시작했다. 그는 커다란 돌을 손수 옮기기 시작했다. 1층의 토대를 완성하는 데만 1년이 걸렸다. 반면 추마는 돌을 옮기지 않고 헛간에서 무언가를 열심히 만들고 있었다. 아주르는 그런 추마를 비웃었지만 추마는 아랑곳하지 않았다.

아주르는 피라미드 층수가 높아질 때마다 신체적 한계를 느꼈다. 그래서 그는 이집트에서 가장 힘이 센 베누에게 돈을 지불하고 근력을 키우는 훈련을 받았다. 그러나 건설 속도는 점점 더뎌졌다. 돌을 옮기는 시간보다 힘을 키우는 시간이 더 많아졌기 때문에 그는 완성까지 30년은 걸리겠다고 예상했다. 그런데 어느 날 추마는 헛간에서 만든 거대한 기계와 함께 나타났다.

추마는 기계를 조작해서 무거운 돌을 손쉽게 옮기기 시작했다. 그는 아주르가 3년간 해 놓은 작업을 40일 만에 따라잡았고 8년이 지나 26세가 되는 해에 피라미드를 완성했다.

그는 남은 인생 내내 파라오가 내린 왕자의 지위와 부귀영화를 누렸다. 반면, 아주르는 자신의 방법을 고집한 끝에 12층을 건설하던 도중 심장마비로 죽었다. 완성까지 두 층만 남겨둔 상황이었다.

월급만으로 부자가 된 사람은 없다. 직장 일이 재미있고 중산층 정도가 최종 목표라면 월급쟁이로 사는 것도 괜찮다. 하지만 경제적 자유를 목표로 한다면 추마가 만든 기계처럼 자신을 대신해 일해 줄 시스템을 구축해야 한다. 어떻게 하면 더 많은 돈을 벌지가 아니라 어떻게 하면 일하지 않고서 돈을 벌지 고민해 보자.

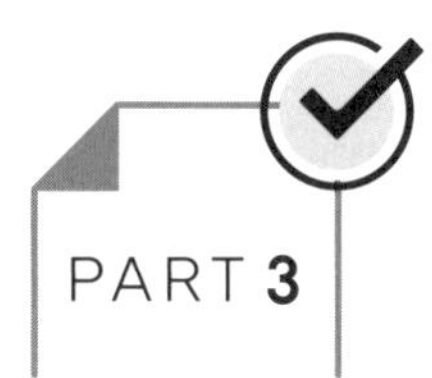

성공에
아웃소싱은 없다

지금이 당신의
자서전을 완성할 때다

목표를 세우는 것은 무에서 유를 창조하는 첫 번째 단계다.
– 토니 로빈스

'300쪽짜리 자서전을 썼다고 가정하고 그중 217쪽을 써라.'

펜실베이니아 대학교에서 출제한 에세이 시험 문제다. 이 시험 문제에 답하기 위해 필요한 것은 상상력이 아니다. 자신의 과거와 현재와 미래를 이을 수 있는 인생 계획이 있어야 한다. 막연히 좋은 회사에 취직하고 좋은 배우자와 결혼해 행복하게 살겠다고 생각했던 수험생은 불합격의 고배를 마셔야 했을 것이다.

이 문제는 지원자들을 골탕 먹이려고 낸 문제가 아니다. 대학은 언제나 우수한 인재를 뽑고 싶어 한다. 펜실베이니아 대학교는 최소한 이 물음에 제대로 답할 수 있어야 입학할 자격이 된다고 생각한 것이다. 출제자 입장에서는 대단한 질문도 아니다. 대학에 지원하려면 자신의 미래를 좌우할 전공을 먼저 결정해야 한다. 앞으로의 계획도 없이 중대한 결정을 내리는 것이 오히려 비정상이다. 그러나 많은 사람들이 꿈이나 목표를 생각하지 않은 채 인생의 중대한 결정을 내리고 있다. 나 역시 그랬다. 경찰관, 소방관, 교사, 컴퓨터 프로그래머 등 손바닥 뒤집듯이 목표를 바꿨다. 목표했던 한의대에 합격했지만 주변의 설득으로 의대에 진학했다. 애초에 의사가 꿈이 아니었기 때문에 의사 일은 적성에 맞지 않았다. 병원 실습을 할 때마다 하기 싫은 전공과만 늘어났다. 20여 개가 넘는 전공과 중 유일하게 적성에 맞았던 것이 영상의학과였다.

나는 영상의학과 교수가 되는 것이 내 운명이라고 믿었다. 그래서 교수들이 정해 준 길을 아무 의심 없이 따랐다. 7년 뒤에 결정해도 되는 세부전공을 미리 결정하고 석사과정을 밟았다. 정신을 차려 보니 어느새 교수들의 노예나 다름없는 삶을 향해 가고 있었다.

의국에는 두 부류의 사람이 있었다. 한 부류는 병원일 하는 시간도 아까워하며 논문 작성에 매달리는 사람이고, 다른 한 부류는 병원 일도 벅찬데 하기 싫은 논문 작성까지 해야 해서 괴로워하는 사람이다.

전자와 후자의 차이는 바로 꿈이었다. 전자에 속한 사람들은 유명 대학병원의 교수가 되고 학회에서 높은 직책을 맡고 위대한 연구 업적을 남기는 것이 인생의 목표였다. 그들은 논문을 한 편이라도 더 쓰기 위해 교수를 찾아가고 연구 아이디어를 쏟아 냈다. 그러나 후자에 속한 사람들에게는 그런 꿈이 없었다. 교수들을 피해 다니기 바빴고 연구 주제를 받으면 부정적인 견해를 쏟아 냈다.

나는 후자에 속했다. 교수들이 부럽지 않았고 연구에도 관심이 없었다. 그럼에도도 불구하고 전자에 속한 사람처럼 행동하려니 괴로웠던 것이다. 4년 동안은 버텼지만 더 이상은 한계였다. 하지만 문제의식을 느낀 것만으로는 변할 수 없었다. 지금까지 쌓아온 것을 포기하기 어려웠기 때문이다.

'생각대로 살지 않으면 사는 대로 생각하게 된다'라는 말이 있다. 인생의 큰 목표를 미리 정해 두지 않으면 현실에 타협하는 삶을 살게 된다는 의미다. 목표가 없으면 매 순간 최선의 선택을 해도 최선의 결과에 도달하지 못한다. 스티브 잡스는 스탠포드 대학교 졸업식 연설에서 이렇게 말했다.

"미래를 내다보며 점을 연결할 수는 없습니다. 뒤를 돌아보며 연결할 수밖에 없어요. 그러니 점이 어떻게든 미래에 연결되리라고 믿어야 합니다. 무언가를 믿어야 합니다. 이를테면 여러분의 배짱, 운명, 인생, 인연 같은 것들이요."

그의 말은 미래는 알 수 없으니 고민하지 말고 지금 하는 일이나 열심히 하라는 것처럼 들린다. 하지만 그렇지 않다. 그는 일찍부터 자신이 인생에서 무엇을 원하는지를 고민했다. 대학은 그의 의문에 답해 주지 못했다. 그래서 그는 6개월 만에 대학을 중퇴했다. 그가 인생의 목표를 고민하지 않았다면 그의 앞에 대학 중퇴라는 선택지는 나타나지 않았을 것이다. 그는 대학 중퇴가 최고의 결정이었다고 말했다. 최선의 선택이란 이런 것이다.

나 역시 인생의 목표를 정하고 나서야 교수님에게 면담을 신청할 수 있었다. 나는 박사 과정을 포기하고 대학병원에 남지 않겠다고 선언했다. 별것 아니지만 쉽지 않은 결정이었다. 그동안 받았던 기대를 한꺼번에 배신하는 일이었기 때문이다.

꿈이 있다고 모든 사람이 성공하는 것은 아니다. 많은 사람들이 부자를 꿈꾸지만 실제로 부자가 된 사람은 극소수다. 그 이유에 대해서 많은 성공학자들은 열정, 인내력, 용기 등 다양한 결론을 내놓았다. 하지만 생각하면 누구나 알고 있는 진부하고 실용적이지 않은 내용들일 뿐이다. 내게 한 가지를 꼽으라고 한다면 '인생 로드맵'을 선택하겠다.

인생 로드맵은 자신의 꿈을 이루기 위한 실천 계획이다. 계획에는 단계가 있고 단계별로 세부 목표가 있고 달성 기한이 있어야 한다. 여기서 중요한 점은 시간의 역순으로 생각해야 한다는 것이다. 궁극적으로 이루고자 하는 목표와 달성 기한을 먼저 만들자.

단순히 10억을 모은다는 목표도 좋다. 그다음 달성 기한으로부터 1년 전, 5년 전, 10년 전 순서로 달성해야 할 세부 목표를 만들어 현재까지 계획을 세워 보자. 그렇게 하면 현재 불필요한 것과 당장 시작해야 할 일들이 보이기 시작한다.

나의 꿈은 40대에 경제적 자유를 얻는 것이다. 그래서 평생 의사를 해야겠다는 생각도 버렸다. 교과서 대신 자기계발, 성공학 등 다양한 분야의 책을 읽기 시작했다. 대학원 등록금 낼 돈으로 부동산 수업을 듣고, 수업료의 몇 배가 넘는 수익을 냈다. 그리고 1인 창업을 준비하기 위해 책 쓰기를 배워 이 책을 썼다.

처음부터 세세한 계획이 부담스럽다면 굳이 세우지 않아도 된다. 오히려 괴롭고 실행에 옮기기 어려울 수 있다. 인생 로드맵은 예언서가 아니다. 오히려 보물지도나 나침반에 가깝다. 목적지에 도달하기 위한 항로는 필요에 따라 수정할 수 있다. 존 맥스웰은 저서 《꿈이 나에게 묻는 열 가지 질문》에서 이렇게 말했다.

"꿈을 실행하기에 앞서 미리 모든 것을 세세하게 계획해 두어야 한다는 말은 아니다. 오히려 그것은 잘못된 생각이다. 생각의 큰 틀은 분명하되 나머지는 꿈을 이루어 나가면서 계획하고 수정 중요한 점은 자신의 인생 로드맵을 항상 생각하고 있어야 한다는 것이다. 예기치 못한 풍랑을 만나도 인생 로드맵이 있으면 방향을 잃지 않을 수 있다. 인생은 속도보다 방향이다. 그러기 위해서는 인생 로드맵을 눈에 잘 보이는 곳에 두어야 한다. 작은 메모장에 자신의 꿈을 적어 두고 지갑에 넣고 다녀도 좋다.

모치즈키 도시타카의 《당신의 소중한 꿈을 이루는 보물지도》에 나오는 드림보드나 《나의 꿈을 이뤄주는 보물지도 무비》에 나오는 드림무비를 활용해도 좋다. 나는 스마트폰 배경화면과 드림보드와 드림무비 세 가지를 모두 활용하고 있다. 이렇게 하면 꿈을 잊지 않을 수 있다.

300쪽짜리 자서전의 마지막 쪽에 쓸 내용을 먼저 정하자. 그리고 책장을 거꾸로 넘기면서 목차를 만들어 보자. 이제 현재에 해당하는 쪽을 펼치고 목차에 맞는 내용을 채워 보자. 분명 이루어질 것이다.

02

롤모델

자기계발의 첫걸음, 롤모델 찾기

인간은 자신이 원하는 만큼 위대해질 수 있다.
– 빈스 롬바디

의대 본과 3학년의 어느 날, 은퇴를 앞둔 소아청소년과 교수가 수업하는 강의실에 모든 소아청소년과 레지던트와 펠로우와 교수들이 모였다. 그 교수의 마지막 학생 강의였기 때문이다. 강의가 끝나자 학생들은 모두 일어나 박수를 치기 시작했고 몇 명의 레지던트들이 단상에 올라가 교수에게 꽃다발을 전달했다. 다른 레지던트들은 이런 장면을 사진으로 남기고 있었다. 이벤트가 끝나자 그 교수는 마지막 학생 강의를 끝낸 소감을 이야기했다. 그러고는 다시 학생들의 기립 박수를 받으며 소아청소년과 의사를 거느린 채 강의실을 빠져 나갔다.

그 광경을 본 사람 중 일부는 부러움과 존경의 눈빛을 하고 있었지만 나는 그렇지 않았다. 나는 교단에 서서 은퇴 소감을 말하는 내 미래의 모습이 떠오르지 않았다. 학생들의 기립박수도, 그림자처럼 따르는 후배 의사도 부럽지 않았다. 내가 원하는 미래가 무엇인지는 몰랐지만 적어도 이런 은퇴식은 내가 맞이하고 싶은 미래가 아니었다.

레지던트로 근무하던 때에도 한 교수의 은퇴식이 있었다. 의국에서 준비한 다양한 이벤트 중에 은퇴하는 교수의 업적을 정리해서 보여 주는 시간이 있었다. 판독, 인터벤션 시술, 혈관조영실 운영과 발전에 대한 이야기도 있었지만 가장 핵심은 연구 업적이었다. 자신이 쓴 논문 중 많이 인용된 것이 어떤 논문이며 평생 쓴 논문의 점수를 합하면 몇 점이 되는지 등에 관한 내용이었다. 그날의 행사는 '병원에 근무하던 의사'의 은퇴식이라기 보단 '연구실에서 연구하던 교수'의 은퇴식에 가까웠다. 예전에 한번 회식 자리에서 대학원 지도 교수님이 나에게 "연구자와 의사 중 어느 쪽이 먼저냐?"라는 질문을 던졌다.

'연구자'가 모범 답안이었지만 무심코 '의사'라고 본심을 말해 버렸다. 그러자 지도 교수님은 자신은 '연구자'가 우선이라며 자신의 은사도 훌륭한 의사지만 뛰어난 연구자로서 더욱 존경한다고 말했다. 그 자리에 모였던 젊은 교수들도 모두 동조하는 분위기였다. 오직 나만 대학병원 교수를 롤모델로 삼지 않고 있었다.

내가 영상의학과를 선택한 가장 큰 계기는 본과 3학년 때 받은 영상의학과 실습이었다. 나는 영상의학과 교수가 복잡해 보이는 의료 영상을 논리적으로 분석해 깔끔한 판독문으로 정리해내는 모습에 매력을 느꼈다. 실습 때 본 영상의학과 교수는 나의 롤모델이었다. 하지만 대학병원은 병원보다는 대학에 가까운 장소였다. 내가 평생 남고 싶은 장소가 아니었다. 판독은 덤이었고, 연구가 가장 중요한 업무였다.

승진 심사에서도 연구 업적이 가장 중요했다. 회식 자리에서 나누는 이야기도 논문이나 학회에 관한 것이 전부였다. 먼 훗날 내가 회식 자리에서 논문 이야기만 하는 교수가 된 모습을 상상하면 숨이 막혔다.

레지던트로 있는 4년 동안 나는 영상의학과 의국에서 의사 롤모델을 찾을 수 없었다. 찾을 수 있었던 것은 연구자 롤모델뿐이었다. 내가 부러워하고 닮고 싶은 사람이 없으니 외롭고 힘들었다. 내가 존경하지도 부러워하지도 않는 사람을 롤모델로 삼는 사람들 틈에서 어색함을 느껴야 했다. 반면 대학병원 교수가 롤모델인 동료는 달랐다. 학생 때는 나보다 공부도 열심히 하지 않았고 학점도 낮았지만 의국에 들어와서 롤모델을 만난 뒤부터는 가장 평가가 좋은 레지던트가 되었다.

그는 1년 차 초반부터 인터벤션 시술, 논문, 학위, 실험동물 수술 방법까지 모든 면에서 롤모델을 닮기 위해 노력했다. 의국의 거의 모든 사람이 그 친구의 롤모델이 누군지 알고 있을 정도로 적극적이었다. 그는 머지않아 롤모델과 닮은 교수가 될 것이다.

롤모델을 인터넷에서 찾아보면 '자기가 마땅히 해야 할 직책이나 임무 따위의 본보기가 되는 대상이나 모범'이라고 나온다. 간단하게 말해서 롤모델은 자신이 닮고 싶은 사람이다. 세계 최고의 피겨 선수가 꿈인 사람은 김연아 선수를 닮고 싶을 것이다. 바둑기사가 꿈이라면 이세돌 9단을 롤모델로 삼을 수도 있을 것이다.

롤모델을 정하면 많은 것이 명확해진다. 우선 자신이 꿈을 이룬 모습을 생생하고 구체적으로 상상할 수 있다. 단순히 훌륭한 의사가 되겠다고 마음먹는 것과 알베르트 슈바이처 박사 같은 의사가 되겠다고 마음먹는 것은 다르다.

김연아 선수가 등장하고 나서 피겨 선수 지망생이 늘어난 것도 롤모델의 효과다. '성공한 피겨 선수'가 어떤 삶을 살게 되는지 명확하게 보여 줬기 때문에 많은 아이들이 힘든 훈련에 몸을 던질 수 있는 것이다. 또한 롤모델은 과정과 가능성을 보여 준다.

우리는 롤모델의 인생을 통해 꿈에 도달하는 과정을 배울 수 있다. 특히 자신과 비슷하거나 못한 처지에서 꿈을 이룬 사람의 인생을 통해 용기와 희망을 얻을 수 있다.

마윈은 성공을 꿈꾸는 수많은 중국 청년들의 롤모델이다. 그는 왜소한 체구에 볼품없는 외양을 가진 데다 가난한 집안에서 태어났지만 성공해서 중국 최고의 부자가 되었다. 물론 그를 롤모델로 삼는다고 해서 모두 마윈처럼 성공할 수 있는 것은 아니다. 같은 이유로 마윈 역시 사업을 하고자 하는 사람에게 자신을 롤모델로 삼지 말라고 경고한다. 하지만 적어도 그는 중국에서 자수성가가 가능하다는 것을 보여 준 산증인이며 그의 인생은 참고하기 좋은 본보기다.

인생의 큰 그림을 그릴 때는 롤모델이 한 명 이상은 있어야 한다. 롤모델은 완벽하게 자신이 원하는 모습과 일치할 필요도 없고 심지어 전공이나 직업이 같을 필요도 없다. 부럽고 닮고 싶은 부분만 롤모델로 삼으면 된다.

내 롤모델 중에는 '시골의사'라는 별명을 가진 박경철 씨나 '빠숑'이라는 필명으로 이데일리에 부동산 칼럼을 연재하는 김학렬 씨도 있다. 본업을 유지하면서도 투자나 강연 등 다양한 활동을 하는 삶을 닮고 싶기 때문이다. 그 외에도 가장으로서는 아버지가 롤모델이고, 성공적으로 개원한 영상의학과 의사로서는 혜화영상의학과의 추연명 원장도 롤모델이다.

인생의 목표와 꿈을 정했다면 그다음에는 롤모델을 찾아야 한다. 롤모델은 자신의 꿈을 구체적으로 바라볼 수 있게 해 준다.

자신의 목표를 먼저 이룬 실제 인물의 삶을 통해 동기부여를 받고 구체적인 실천 계획도 세워 볼 수 있다.

지금 내가 의사 인생 마지막 휴가라고 불리는 공중보건의 복무 기간에 놀지 않고 책을 쓰고 있는 것도 같은 이유다. 본업을 유지하면서 강연이나 칼럼 기고 같은 다양한 활동을 하는 롤모델이 예외 없이 책을 써서 자신을 브랜딩했기 때문이다. 이런 롤모델을 알지 못했다면 '특이한 의사'라는 막연한 꿈을 구체적으로 그리지 못했을 것이다.

우리는 모두 어렸을 때 롤모델을 갖고 있었다. 우리에게 누군가 꿈이 무엇이냐고 물었을 때 커서 '누구처럼 어떤 사람이 되겠다'라고 대답하던 시절이 있었다. 나는 아버지처럼 자상한 교사가 되고 싶었다. 하지만 정작 커서는 진심으로 닮고 싶은 사람을 찾지 못했다.

롤모델이 없으면 인생의 큰 그림을 그릴 때 정물화가 아닌 상상화를 그리게 된다. 이것은 시제품이나 콘셉트 카도 없이 완성품을 만들려고 하는 것만큼 무모하다. 자기계발을 할 수 있는 시간과 기회는 한정되어 있다. 효과적으로 자기계발을 하고 싶다면 닮고 싶은 롤모델을 찾는 것부터 시작해 보자. 그 첫걸음은 인생의 커다란 도약이 될 것이다.

03

사업가 마인드

당신은 이미 1인 기업가다

승리를 원한다면 모든 것을 걸어야 한다.
— 나폴레옹

최근 1인 기업가에 관심을 갖는 사람이 많아졌다. 월급을 열세 번 받는다는 남자로 유명한 국내 유일 '관점 디자이너' 박용후 씨, 저술과 강연과 자기경영 아카데미 운영으로 엄청난 매출을 올린 공병호 박사, 자기계발 전문가이자 베스트셀러 저자였던 〈구본형변화경영연구소〉의 고(故) 구본형 소장의 성공 사례는 이미 너무나 잘 알려져 있다.

1인 기업가는 직장이라는 굴레에서 벗어나 자기 시간을 의지대로 조절하고, 하고 싶은 일을 선택할 자유를 가지고 있다. 1인 기업가에게는 출퇴근도 퇴직도 없다. 하지만 이렇게 좋은 1인 기업가를 다들 하지 않는 이유는 무엇일까.

직장을 그만두고 1인 기업가로 살아가기 두렵기 때문이다. 대부분의 직장인은 위험한 사업에 몸을 던지는 것보다 안전하게 월급을 받는 것이 낫다고 생각한다. 그러면서 자신은 기업가보다 직원이 적성에 맞다고 생각한다.

나 역시 창업해 본 경험은 없다. 대신 창업한 사람은 여럿 알고 있다. 이들을 보면, 어떤 사업을 해도 무릅써야 할 위험은 크고, 신경 쓸 일도 많고 웬만한 직장인보다 바쁘다. 성공한 사람은 화려한 삶을 살지만 그 중간 과정은 그 어떤 직종보다 치열하다. 그나마 의사나 치과의사 같은 전문직은 전문 분야가 확실하기 때문에 창업의 방향이 뚜렷하다. 하지만 이미 포화된 개원가에서 살아남기 위해서는 입지부터 인테리어, 브랜드, 친절한 직원, 차별화된 서비스까지 많은 것을 신경 써야 한다.

내가 살던 곳에는 지하철역 사거리에 치과만 4곳이 있었다. 치열한 경쟁에서 살아남기 위해 병원 운영에 관한 컨설팅을 받는 원장도 늘고 있다.

우리가 떠올리는 실패한 사업가는 늘 빚쟁이에게 쫓기는 노숙자의 모습을 하고 있다. 천호식품의 김영식 회장은 현재 잘나가는 중견 기업의 회장이다. 하지만 과거에 그는 IMF 사태 때문에 한순간에 빚더미에 올랐다. 당시 그는 한 끼 밥값도 없어서 여관에서 소시지와 소주로 배를 채우기도 했다.

그는 죽을 각오로 사업을 다시 일으켜 지금의 위치에 올랐다. 이런 사업의 위험성과 치열함을 보면 욕심을 버리고 적당히 월급을 받고 사는 것이 낫다고 생각하는 사람들도 있다. 직장 일도 힘들기는 하지만 사업만큼은 아니기 때문이다. 그래서 자신은 영원히 사업가가 되지 않으리라 다짐하며 언제 쫓겨날지 모르는 직장에서 일하고 있는 것이다.

1인 기업가가 항상 전업 사업가인 것은 아니다. 1인 기업가의 가장 일반적인 창업 형태는 자신의 이름을 내건 연구소 형태의 기업을 설립하는 것이다. 무자본, 무점포, 무직원으로 창업할 수 있어서 '3無 창업'이라고 부르기도 한다. 분야도 자기경영, 자기계발, 마케팅, 세일즈, 책 쓰기, 심리상담 등 다양하다. 전업으로 하는 경우도 있지만 본업을 유지하면서 1인 기업을 운영하는 사람도 많다.

연구소라는 이름을 쓰지는 않으면서 사업을 하고 있는 직장인도 많다. 직장을 다니면서 임대 사업가, BJ, 파워블로거, 칼럼니스트, 강사, 게시판지기, 전문 리뷰어, 애플리케이션 제작자를 겸하면서 추가 수익을 창출하는 경우다. 이들 중 일부는 자신이 사업을 하고 있다는 자각이 없어 종합소득세 신고도 안 했다가 세금을 추징당하기도 한다. 기업은 이윤 추구를 목적으로 하는 조직적인 경제 단위를 뜻한다. 1인 기업은 조직이 개인으로 바뀌었을 뿐이다. 즉 이윤 추구를 목적으로 하는 개인은 모두 1인 기업이라고 할 수 있다.

1인 기업이라고 항상 혼자서 상품 생산, 고객 관리, 홍보·마케팅을 해내야만 하는 것은 아니다. 개인사업자 등록도 세금 때문에 필요한 절차일 뿐 1인 기업가의 상징은 아니다.

관점을 달리하면 월급을 받는 직장인도 1인 기업가다. 직장인은 자신의 상품인 시간과 노동력을 소비자인 직장에 팔고 수익을 만들어 낸다. 구직 행위는 자신의 노동력이 다른 지원자의 노동력보다 가격 대비 성능이 좋다고 홍보하는 과정이다. 돈이 많은 고객인 대기업이나 한번 구매하면 영원한 단골인 국가 기관에 판매자가 몰리는 것은 당연하다.

직장인과 기업가는 상품과 고객만 다를 뿐 실제로는 같다. 따라서 생존하기 위한 전력도 같다. 기업은 급변하는 세상에 적응하기 위해 끊임없이 혁신해야 한다. 사양길에 접어든 사업은 과감히 접고 새로운 것을 찾아 나서야 한다. 지나치게 문어발식으로 사업을 확장하면 안 되지만 주력 상품이 다양해야 생존할 가능성이 높아진다. 한 가지 사업에 모든 것을 걸었다가는 한순간에 망할 수 있다.

기업의 사업 다각화는 1인 기업가의 '지식 포트폴리오'에 해당한다. 지식 포트폴리오는 자신의 지적자산을 금융자산처럼 관리하는 방법이다. 금융 포트폴리오를 구성할 때는 자신의 자산 규모, 투자 성향, 투자 목적을 파악해 투자 종목을 선택한다.

지식 포트폴리오에서 자산은 시간이고, 투자 성향은 재능이나 적성이다. 또한 투자 목적은 원하는 소득이나 직업이며 투자 종목은 지식이나 기술이나 능력이다. 대부분의 월급쟁이는 위험도가 매우 높은 '특정 직장에만 특화된 포트폴리오'를 가지고 있다. 이런 포트폴리오는 직장을 잃을 경우 큰 손해를 볼 수밖에 없다. 집중투자를 통해 정년을 채우면서 직장 내에서 최고 직위까지 오를 수도 있겠지만 확률은 희박하다. 안전한 포트폴리오를 짜기 위해서는 기존 종목을 '대부분 직장에서 활용할 수 있는 지식'으로 바꾸고 이직이나 퇴직에 대비할 수 있는 연봉 협상, 인맥 쌓기, 금융, 부동산, 창업, 마케팅에 관한 지식과 같은 종목을 포트폴리오에 추가해야 한다.

얼마 전까지만 해도 나의 지식 포트폴리오에는 '특정 직장'에만 특화되어 있었다. 포트폴리오에 들어 있던 종목은 영상의학, 의학연구 수행, 의학논문 작성에 관한 지식이 전부였다. 특히 연구와 논문의 비중이 높았다. 공중보건의 기간에는 영어회화 능력에 모든 시간을 투자했다.

포트폴리오의 목적은 오직 대학 교수 임용이었다. 그런데 내 목표는 대학 교수가 아니었다. 그래서 영상의학을 제외한 종목을 포트폴리오에서 제외했다. 대신 부동산, 금융, 창업, 개원, 마케팅,

책 쓰기, 세무에 관한 지식을 포트폴리오에 추가했다. 이렇게 해서 의사 월급 외에도 다양한 경로로 수익을 창출할 수 있는 튼튼한 1인 기업을 만들기 위해 준비 중이다.

내가 자주 가던 레스토랑 중에 유독 손님이 없는 곳이 있었다. 요리는 매우 훌륭했고 건물은 대로변에 있었으며 주차장도 넓었다. 손님이 적을 이유가 없었다. 그런데 인터넷을 검색해 보니 그 이유를 알 것 같았다. 그 레스토랑의 시그니처 요리는 생면 파스타였다. 그런데 '생면 파스타'와 '지역명'을 검색어로 검색했을 때 다른 가게만 나왔다. 요리는 잘하는데 홍보를 제대로 못하고 있었던 것이다.

'나'라는 주식회사를 경영하는 것도 이와 마찬가지다. '나'는 무엇을 파는 기업이고 '나'의 이름은 곧 브랜드 이름이다. 기업은 현재 상품을 잘 팔기 위한 전략을 고민하며 신제품을 개발하고, 브랜드를 강화해야 한다. 그러기 위한 첫발은 1인 기업가가 되기로 결심하는 것이 아니다. 이미 자신이 1인 기업가라는 점을 깨닫는 것이다. 다른 1인 기업을 하청업체로 두는 중견 기업으로 성장할지 지금 직장에 노동력을 계속 납품하다가 파산하고 영업을 그만둘지는 기업 대표의 사업가 마인드에 달려 있다.

04

부동산 지식

부동산 공부가
진짜 공부다

그것은 손으로 만질 수 있으며 단단하고 아름답다.
예술적이기까지 해서 나는 그것을 사랑할 수밖에 없다. 그것은 바로 부동산이다.
— 도널드 트럼프

주사위를 굴리면 나온 숫자만큼 자신의 말이 세계를 여행한다. 주인이 없는 도시에 도착하면 토지를 구입하고 건물을 지을 수 있다. 남이 먼저 차지한 도시에 가면 통행료와 숙박비를 지불해야 한다. 이제는 스마트폰 게임으로 더 익숙한 부루마블이다. 우리 모두는 현실의 부루마블 게임판 위를 살고 있다.

노숙자가 아닌 이상, 집을 소유하고 있거나 빌려 쓰며 어딘가에 살고 있다. 어릴 때에는 그저 주사위 운에 모든 걸 맡겼다. 이겨도 그만 져도 그만이었다. 질리면 중간에 그만둘 수 있었다. 하지만 현실의 부루마블은 그만둘 수 없다. 게임에서 지면 인생이 흔들린다. 다음 판은 없다.

사람들은 투자를 이야기할 때 부동산과 주식 두 가지를 떠올린다. 그리고 부동산 투자는 부자들의 전유물이고 주식 투자는 소액으로 단시간에 큰돈을 벌 수 있는 수단으로 생각한다. 하지만 그렇지 않다. 주식은 안 해도 되지만 부동산은 안 할 수가 없다. 사람은 일생 동안 한 번 이상 부동산 거래를 하게 된다. 그리고 그 한 번의 거래가 인생을 좌지우지할 수 있다.

1기 신도시가 개발될 때, 일산과 분당 중 어디로 이사 가느냐에 따라 사람들의 운명이 갈렸다. '천당 아래 분당'이라는 말이 생겼을 정도로 수많은 벼락부자가 탄생했다. 부동산 투자는 누군가의 전유물이 아니다.

내가 결혼한 2014년 초에는 집을 사면 안 되는 분위기가 팽배했다. 그래서 신혼집으로 성북동 24평 아파트를 반전세로 구했다. 부모님의 도움과 5년간의 저금으로 모은 돈으로 간신히 보증금을 마련했다. 대출을 이용하면 매수도 가능했지만 집값이 계속 떨어지고 있어서 포기했다. 그 대신 월세를 내면서 월급을 모았다. 하지만 아파트 매매가는 2년 만에 내가 7년 동안 저축한 금액보다 더 올랐다.

나의 이야기에 지인들은 집값은 어차피 예측할 수 없는 것이라고 단언한다. 그렇게 말하면서 자신들은 주식 투자를 하고 있다. 나는 그들이 틀렸다고 생각한다.

그 이유는 첫째, 부동산은 주인이 직접 가치를 올릴 수 있는 재산이다. 허름한 빌라라도 수리하고 리모델링 하면 가격이 오른다. 그러나 소액주주가 주가를 올리기 위해 할 수 있는 일은 기도뿐이다.

둘째, 대부분의 사람들은 부동산 소비자다. 그래서 부동산의 가치를 평가하기가 비교적 쉽다. 좋은 부동산은 살기 좋은 부동산이다. 그래서 부동산 투자 고수 중에 아줌마가 많다. 하지만 일반인 중에 애널리스트가 작성한 기업 보고서를 제대로 이해하는 사람은 드물다. 이해해도 수익을 내기 어렵다는 것은 펀드 수익률만 봐도 알 수 있다.

셋째, 주식도 부동산처럼 정책의 영향을 받기는 마찬가지다. 심지어 주식은 기업과 무관한 루머 하나에도 가격이 요동친다. 주식 투자는 소액으로도 할 수 있다. 하지만 주식 시장은 기관투자자나 금융회사 같은 거대 자본이 다투는 전쟁터다. 주가는 그들끼리 거래하는 과정에서 결정된다. 그래서 개인이 아무리 분석해도 동전 던지기보다 못한 경우가 많다.

한 통계에 의하면 개인투자자들의 95%가 마이너스 수익률을 거둔다고 한다. 나 역시 예외는 아니었다. 피터 린치의 《전설로 떠나는 월가의 영웅》부터 최신 기술 분석 책까지 섭렵하며 투자했지만 책값도 건지지 못했다. 주식 투자야말로 거대 자본의 전유물이다.

부동산 투자 역시 소액으로 할 수 있다. 1,000만 원으로도 소형 아파트 한 채를 구입할 수 있다. 전세와 월세와 대출을 이용할 수 있기 때문이다. 담보대출을 받아 부동산을 매입한 다음 월세를 받으면 이자를 내고도 추가적인 현금 흐름을 창출할 수 있다. 경매나 공매에서 전세가보다 싸게 낙찰받으면 내 돈 한 푼 안 들이고 부동산을 매입할 수도 있다. 구입한 부동산 가격이 오르면 금상첨화다. 이런 방식으로 30대에 300채 이상의 아파트를 구입한 사람도 있다.

이런 이야기는 자신과 거리가 멀다고 생각하기 쉽다. 왜냐하면 주변에서 부동산 투자로 돈을 번 사람을 보기 힘들기 때문이다. 반면 주식 투자를 이야기하는 사람은 많다. 많이 못 벌거나 잃은 경우가 많기 때문이다. 그러나 잠깐 버는 사람은 있어도 계속 버는 사람은 드물다.

워런 버핏은 20%대 수익률을 유지하는 것만으로 전설이 되었다. 그래서 나는 주변에 누가 주식 투자를 한다고 해도 조바심이 들지 않는다. 반면 부동산 투자로 돈을 번 일반인은 많다. 한 번의 투자로 수억 원을 벌기도 한다. 이런 수익을 밝히면 온갖 시기와 질투를 받을 수밖에 없다.

나 역시 부동산으로 큰 수익을 거두었지만 부동산 투자 멘토와 동료들 외에는 아무도 모른다. 나의 가족이나 지인들은 이 책을 보고 나서야 내가 그동안 부동산 투자를 해 왔다는 사실을 알게 될 것이다.

투자 성공 사례 중 하나를 소개하겠다. 나는 '아라인베스토리' 이나금 대표가 운영하는 〈직장인을 위한 부동산 투자연구소(이하 직부연)〉의 실전투자반 과정을 수료했다. 수업 중 단독주택용지 청약 정보를 얻었다. 특이하게도 1인 1필지가 아니라 1인 다필지가 가능한 청약이었다. 나는 가지고 있던 모든 적금과 저축보험을 해지하고 마이너스 통장과 신용대출 한도까지 사용해서 청약했다. 남들이 두세 필지에 청약할 때 나는 총 마흔여섯 필지에 청약했다. 단기적으로 빚이 2억 원을 넘었다. 보험 해지 위약금과 이자를 합하면 200만 원이 넘었다. 하지만 한 필지만 당첨돼도 이득이기 때문에 두렵지 않았다.

나는 두 필지에 당첨이 되었고, 200평 토지의 주인이 되었다. 생산가로 매수한 이 토지는 향후 큰 수익을 안겨다 줄 것이다. 이런 재미난 투자는 너무나 많다. 부동산 투자 카페를 검색해 활동하는 회원 수를 보면 생각보다 많을 것이다.

온라인에 보이는 숫자는 전체 부동산 투자자의 일부에 지나지 않는다. 혹시 주변에 지나치게 낙천적이거나 능력에 비해 야망이 없는 사람이 있지 않은가? 그들 중 일부는 이미 부동산으로 큰돈을 벌었거나 월급보다 많은 월세를 받고 있을지도 모른다.

거리로 나가 보면 동네 슈퍼마켓이나 미용실 등 수많은 가게들이 보일 것이다. 그 모든 가게 주인들은 매달 누군가에게 월세를 내고 있다. 재래시장 바닥에서 장사하는 상인들도 누군가에게 자릿세를 내고 있다. 중심 상권에서 영업하는 식당 주인들은 인근 주차장 건물 주인에게 매달 이용료를 내고 있다. 10억 원이 넘는 강남 아파트의 수만 세대에도 모두 주인이 있다. 하루아침에 수천만 원씩 오르는 재건축 아파트 지분을 가진 조합원도 수만 명이나 있다. '조물주 위에 건물주'라는 말까지 있지만 생각보다 건물주는 흔하다. 부동산 투자의 세계에 입문하지 않아서 만날 기회가 없었던 것뿐이다.

'기승전부동산'이라는 말이 있다. 기업부터 개인까지 모든 부의 완성은 부동산이다. 이마트는 식품이나 공산품을 팔아서 부를 축적하지 않는다. 매장 건물과 건물이 위치한 토지의 가격 상승이 기업 자본의 가치를 상승시킨다. 대기업이 사옥을 짓거나 사고파는 것도 부동산 투자의 일환이다. 단순히 직원들이 근무할 공간을 마련하기 위함이 아니다. 직업 수명이 짧은 운동선수나 아이돌 스타도 일찍부터 부동산 투자를 시작해 자산을 지키고 늘려나간다. 그들도 자신의 미래를 지켜 줄 수 있는 것은 부동산뿐임을 잘 알고 있기 때문이다. 점포주택이 은퇴자들 사이에 큰 인기를 누리는 이유도 평생 모은 자산을 지키면서 현금 흐름을 만들어 낼 수 있기 때문이다.

부동산 투자에 입문하는 모든 사람들이 쉽게 돈을 벌 수 있는 것은 아니다. 공부도 많이 해야 하고 경험도 쌓아야 한다. 부동산은 0원이 되는 일은 없지만 가격이 하락할 수는 있다. 하지만 부동산은 현물 자산이기 때문에 물가상승과 함께 값이 우상향할 수밖에 없다. 투자하지 않더라도 집만 잘 사서 1년 동안 1억이 오르면 연봉 1억이 증가하는 것과 같다.

부동산은 의식주 중 하나다. 그런데 많은 사람들이 부동산에 대해서는 음식이나 옷보다 모르고 있다. 요즘 같이 화폐의 가치가 나날이 떨어지는 시대에 살면서 부동산을 공부하지 않는 것은 직무유기나 마찬가지다. 부동산 지식은 생존 지식이다. 동시에 다른 어떤 지식보다 큰돈을 벌어다 줄 수 있다. 그러니 아무리 바빠도 부동산을 놓치지 말자.

05

사실 돈은 당신보다 돈을 더 잘 번다

돈이 돈을 번다.
– 존 레이

금융이란 이자를 받고 자금을 융통하여 주는 것을 말한다. 쉽게 말해 돈을 빌려주고 이자를 받는 행위를 뜻하며, 이러한 행위는 동서고금을 막론하고 있어 왔다. 일부 종교나 문학 작품에서는 이런 행위를 부도덕하다고 비판하지만 금융은 어디까지나 빌려주는 사람과 빌리는 사람 사이의 약속이다.

사람들이 흔히 하는 착각 중 하나는 돈이 한 푼도 없는 사람이 돈을 빌린다고 생각하는 것이다. 피치 못할 사정이 있지 않는 이상 빚을 내는 것은 죄악이라고 생각하는 사람도 있다. 이런 사람에게 은행은 돈을 안전하게 보관하는 금고 이상도 이하도 아니다. 그러나 은행은 금고가 아니라 대출 상품을 파는 기업이다. 은행은 돈을 맡기는 곳이 아니라 빌리는 곳이다. 하지만 빈자는 돈을 보관하기 위해 은행에 돈을 맡긴다. 그리고 내 집 장만할 때만 돈을 빌린다. 이렇게 빌린 돈은 '일을 해서' 갚는다. 하지만 부자는 비상금 외에는 돈을 은행에 넣어 두지 않는다. 부자는 오직 투자할 때만 돈을 빌린다. 빌린 돈은 '투자 수익'으로 갚는다.

은행은 공중보건의에게 주택담보대출 수준의 싼 이자로 마이너스 통장을 개설해 준다. 한도도 연봉의 네 배가 넘는다. 공중보건의 중에 마이너스 통장을 펑펑 쓰고 다니는 사람이 많은데 주로 외제차를 사거나 골프를 치는 데 쓴다. 이자도 당연히 마이너스 통장으로 지불한다. 공중보건의 복무가 끝난 다음 일해서 갚으면 된다고 생각하기 때문이다. 그렇게 주택담보대출 수준의 금리로 빌린 돈을 허무하게 날리고 만다.

은행은 착실하게 돈을 모으는 사람에게 예금이라는 형태로 돈을 빌린 다음 그 돈을 일부만 남긴 채 다시 다른 사람에게 빌려 준다. 부자는 이런 돈을 빌려서 사업을 키우거나 건물이나 주식을 사거나 자기계발에 투자한다. 부자는 자신이 낼 수 있는 수익률을 예측해서 이자율보다 높으면 과감하게 돈을 빌린다.

기회가 있지만 수중에 돈이 없을 때, 은행은 훌륭한 사업 파트너다. 은행은 돈을 빌려 간 사람이 떼돈을 벌어도 이자 이상의 대가를 바라지 않는다. 이자율 5%로 1억 원을 빌려서 1년 만에 1억 원을 벌었다고 가정해 보자. 은행으로부터 빌렸다면 원금과 이자 500만 원만 돌려주면 된다. 하지만 친구에게 빌렸다면, 우정을 지키기 위해 원래 약속했던 것보다 더 많은 이자를 줘야 할지도 모른다.

나는 공중보건의 시절에 개설한 마이너스 통장으로 부동산에 투자해 대출 금액의 100%가 넘는 수익을 냈다. 그에 비해 은행에 낸 이자는 대출 금액의 1%도 안 된다. 대출 기간이 짧기 때문이다. 실제로 내 돈이 전혀 들어가지 않았으니 레버리지 포함 수익률이 무한대인 '무피투자'인 셈이다. 남의 돈으로 번 돈이 내가 일해서 번 돈보다 많았다. 만약 내가 현금만 쓰겠다고 고집했다면 많은 기회를 놓쳤을 것이고 수익은 절반에도 한참 못 미쳤을 것이다.

나는 무작정 돈을 빌려서 투기하라고 주장하는 것이 아니다. 올바른 금융 지식을 갖추지 않은 채로 돈을 빌리면 재앙을 부를 수 있다. 글로벌 금융 위기를 불러온 서브프라임 모기지 사태가 그 단적인 예다. 개인이 파산하는 것이나 기업이 부도가 나는 것, 국가가 파산하는 것은 모두 빚 때문이다.

금융 지식은 돈과 돈에서 발생한 파생 상품에 대한 지식이다. 재산을 지키며 늘려 나가기 위해서는 돈과 관련된 규칙을 이해해야 한다. 지급준비율 제도나 기준금리는 무엇이고, 누가 어떻게 정하는지, 환율이 어떤 원리로 변하는지, 왜 미국 연방준비제도 이사회의 목소리에 전 세계가 촉각을 곤두세우고 있는지 이해해야 한다. 그래야 경기의 흐름을 예측할 수 있고, 사업이나 투자에 돈을 넣고 빼는 타이밍을 가늠할 수 있다. 부자 중에 금융 지식에 무지하거나 무리하게 대출받는 사람은 없다. 금융 지식을 모르고 무리하게 대출을 받는 부자는 금융 위기가 닥쳐올 때마다 사라지는 가짜 부자다.

돈이 돈을 번다. 도덕적 논쟁을 떠나서 이 명제는 사실이다. 돈은 차곡차곡 모으는 것이 아니라 불려 나가는 것이다. 워런 버핏은 26세에 오마하 지역 유지 7명으로부터 모은 10만 5,000달러에 자기 돈 100달러를 보태 투자에 나서 해마다 20%가 넘는 수익률을 거둔 끝에 세계 최고의 부자가 되었다.

그는 이런 복리효과를 강조하기 위해 '스노우볼 효과(Snowball Effect)'라는 단어를 사용했다. 언덕에서 굴러떨어지는 눈뭉치가 점점 커지듯이, 투자 효과나 사업도 시작은 미약하지만 점점 가속도가 붙어서 기하급수적으로 성장하게 된다는 의미다.

돈이 한 푼도 없는 상태에서 1억 원을 모으는 것은 힘들다. 하지만 1억 원이 있는 상태에서 2억 원을 만드는 것은 상대적으로 쉽다. 결론은 거대한 부를 이루기 위해서는 종잣돈을 빨리 모아야 한다는 것이다.

‘슈퍼 메기’라는 별명을 가진 선경래 씨의 이야기는 돈이 돈을 벌 수 있다는 걸 보여 주는 가장 극단적인 사례다. 그는 처음에 주택담보대출을 포함해 10억 원으로 옵션 거래에 나섰다가 일주일 만에 5억 원을 날렸다.

그는 선물 투자로 전략을 바꿔 3년 동안 매일 모든 경제지표를 분석하며 피가 마르는 승부를 한 끝에 매년 평균 400%의 수익을 올리며 자산을 1,000억 원으로 늘렸다. 그는 더 이상 위험하게 자금을 운용할 필요가 없다고 판단하고 전략을 바꿔 매년 20~30%의 수익을 내 자산을 2,000억 원까지 늘렸다.

그의 인생을 놓고 보면 초기 10억 원은 버는 데 걸리는 시간이 가장 길었다는 것을 알 수 있다. 투자에 나선 다음에도 초반 1,000억 원보다 후반 1,000억 원을 버는 데 감수한 위험이 더 적었다. 이처럼 돈이 돈을 번다. 물론 선물옵션 투자는 위험이 너무 크기 때문에 어지간한 금융 지식과 경험을 갖추지 않은 상태에서는 절대 금물이다. 주식이든 선물옵션이든 돈을 잃는 것은 언제나 금융 지식도 부족하고 자금도 부족한 개인이라는 것을 명심하자.

세상에 존재하는 대부분의 돈은 화폐로 존재하지 않고 장부에만 존재한다. 실제로 물건을 사고파는 데 쓰이는 돈은 극히 일부에 지나지 않는다. 나머지 돈은 모두 돈을 벌기 위해 복잡하게 얽힌 금융 세계를 떠다니고 있다. 마음에 들고 안 들고를 떠나, 이미 우리는 그런 세상에 살고 있다. 그러면서 은행에 돈을 '빌려주기'만 하고 자기 몫을 챙기려고 노력하지 않는 것은 직무 유기나 다름없다.

남들은 자동차로 출퇴근하는데 혼자서 걸어 다니겠다고 고집을 피우면 손해를 보는 것은 자신뿐인 것과 같은 이치다. 나는 금융 전문가가 아니다. 단지 전문가가 되기 위해 끊임없이 노력할 뿐이다. 모르는 분야를 개척할 때는 함께 하는 누군가가 힘이 된다. 나도 과정을 겪었고, 지금도 과정 중이다. 나의 연락처인 010.7331.4078번으로 자신의 현재 삶을 이야기해 주면 재테크가 아니더라도 함께 더 나은 삶을 살고자 하는 마음으로 함께 이야기를 나누겠다.

종잣돈을 모으기 위해서 잠시 은행에 돈을 보관할 수는 있지만 그 이후에는 눈덩이를 언덕 밑으로 굴려야 한다. 아직은 자신이 돈보다 돈을 잘 번다고 생각할지 모른다. 하지만 금융 지식을 쌓고 활용하다 보면 어느 순간 돈이 자신보다 돈을 잘 버는 광경을 목격하게 될 것이다.

경제적 자유를
얻기 위한 부자들의 필수 습관

내가 살던 마을의 작은 공립 도서관이 오늘의 나를 만들었다.
– 빌 게이츠

부자들은 다양한 방법으로 부를 축적한다. 사업을 해서 큰돈을 번 사람도 있고, 출세가도를 달려 높은 연봉을 받은 사람도 있고, 투자로 높은 수익률을 내서 부자의 반열에 오른 사람도 있다. 다양한 방법 중 남들보다 많은 돈을 벌기 위해서는 남들이 보지 못한 기회를 포착하고, 새로운 아이디어를 내며 선택에 집중해야 한다.

부자들은 그만한 부를 쌓는 데 필요한 지혜를 어디서 얻었을까? 그 해답은 부자들이 공통적으로 가지고 있는 습관을 살펴보면 알 수 있다. 인터넷이나 책을 찾아보면 다양한 부자들의 습관이 나온다. 나는 그중 가장 실용적인 습관 세 가지를 강조하고자 한다. 바로 독서와 경제신문 구독과 새벽 기상이다.

　조지 소로스와 함께 퀀텀 펀드를 만든 유명인인 짐 로저스는 사람이 배우는 방법에는 두 가지가 있다고 했다. 하나는 사람이고 다른 하나가 바로 책이다.

　《부자 되는 습관》의 저자 토마스 C. 콜리는 223명의 부자들과 128명의 빈자들을 대상으로 습관을 조사했다. 그 결과 부자들은 매일 30분 이상 책을 읽는다는 대답이 88%에 달했으나 빈자들은 2%에 불과했다. 또 책 읽는 것을 좋아한다는 대답을 한 부자는 86%였으나 빈자들은 26%에 그쳤다.

　실제로 세계 최고의 부자 중에는 독서광이 많다. 빌 게이츠는 1년에 약 50권의 책을 읽는 독서광으로 자신의 개인 도서관에 1만 권 이상의 책을 소장하고 있다. 그는 휴가 중에도 4~5권의 책을 읽는다고 한다. 그의 블로그 '게이츠 노트(Gates Notes)'에는 2010년부터 지금까지 그가 읽은 200여 권의 책 표지 사진과 함께 그가 쓴 서평이 올라와 있다.

　100달러로 투자를 시작해 40조 달러가 넘는 부를 이룬 워런 버핏 역시 독서광으로 유명하다. 그는 16세 때 사업에 관련된 책 수백 권을 독파했다. 그는 현재도 사무실에 앉으면 책을 읽기 시작하고 일을 한 다음 집에 가서도 책을 읽는다. 그의 독서량은 일반인의 다섯 배가 넘는다고 한다. 이들 말고도 독서광인 부자들을 나열하자면 끝이 없다.

이상건 기자는 저서 《부자들의 개인 도서관》에서 부자는 한결같이 독서광이라고 단언한다. 그는 동서고금을 막론하고 부자들의 집에는 보통 사람들보다 평균적으로 책이 많다고 주장한다. 내가 만난 수십 억대 자산가들 역시 모두 독서광이었다.

책 한 권 분량의 원고를 쓰기 위해서는 작가의 모든 지혜를 짜내야 한다. 원고는 수차례의 탈고를 거쳐 군더더기가 빠지고 부족한 부분이 보충된다. 이렇게 완성된 책 한 권의 내용을 완전히 흡수하면 저자가 수십 년에 걸쳐 터득한 지혜를 터득할 수 있다. 그러나 책 한 권의 가격은 저녁 한 끼 값도 안 된다. 독서는 세상에서 가장 가성비 좋은 자기계발 방법인 셈이다.

책 읽을 시간이 없는 사람도 있을 것이다. 그렇다면 하루에 단 10분이라도 독서하는 버릇을 만들어 보자. 개인적으로는 종이책을 추천하지만 휴대가 불편한 사람은 스마트폰으로도 읽을 수 있는 전자책부터 시작하는 것이 좋다. 한국인의 1인당 하루 스마트폰 사용 시간은 3시간이라고 한다. 의지만 있으면 하루 10분은 낼 수 있을 것이다. 게다가 전자책은 종이책보다 싸고 배송비도 안 들고 구입 즉시 읽을 수 있다.

전자책조차 볼 시간이 없다면 전자책 애플리케이션의 읽어 주기 기능을 사용하면 된다. 눈으로 읽는 것보다 효과는 떨어지지만 안 읽는 것보다는 낫다.

나는 통근할 때 운전하면서 책 읽어 주기 기능을 이용하고 있다. 이렇게 하면 한 달에 2권은 독파할 수 있다. 단 안전을 생각해서 출퇴근길처럼 아주 익숙한 길을 운전할 때만 이용하길 바란다. 책을 고를 때는 흥미를 끄는 주제를 다룬 실용서이면서 쉽게 쓰인 것을 추천한다. 돈을 벌고 싶다면 부자들에 관한 책이나 자수성가한 사람들의 경험담을 찾아서 읽어 보자. 직장에서 출세하고 싶다면 직장생활에 관한 책을 읽는 것이다.

한 해에 출판되는 책이 약 8만여 권에 이른다. 자신의 상황과 취향에 맞는 책은 반드시 있다. 책은 처음부터 끝까지 읽는 것이 아니다. 목차를 보고 흥미 있는 부분과 핵심 내용만 찾아서 읽으면 된다. 독서 습관이 형성되면 차츰 책 읽는 시간을 늘리면서 자신만의 독서 스타일을 만들어 가면 된다.

많은 부자들이 경제신문을 읽는 습관을 가지고 있다. 경제신문은 국내외 경기, 환율, 업계의 최신 트렌드, 주식, 부동산 등을 중점적으로 다룬다. 정치나 사회면 기사도 중요하지만, 부자가 되는 데는 시시각각 변하는 재무환경을 파악하는 것이 중요하다.

하루치 신문을 다 읽으면 300쪽짜리 책 한 권을 읽는 셈이라고 한다. 물론 이 엄청난 양의 기사를 모두 읽을 필요는 없다. 관심이 가는 기사만 읽어 보는 것으로 충분하다. 단, 기사 제목은 모두 훑어봐야 한다. 큰 흐름을 읽어야 하기 때문이다.

제목을 훑어볼 때는 종이 신문이나 종이 신문 형태의 PDF를 보길 권장한다. 그래야 어떤 기사가 더 많은 지면을 차지했는지를 한눈에 파악할 수 있다. 클릭을 유도하는 인터넷 기사 제목이 아닌 진짜 기사 제목을 볼 수 있는 것이다.

중요한 내용은 큰 글씨로 인쇄되기 때문에 핵심 내용을 파악하기 용이하다. 알고 보면 신문에는 돈이 되는 정보가 가득하다. 몇 달 전, 당첨만 되면 수천만 원을 벌 수 있는 토지 청약에 관한 기사가 경제신문에 실린 적이 있었다. 하지만 기사에 할애된 지면은 매우 작았고 사진도 한 장 없었다. 작은 지면의 제목도 빼먹지 않고 읽은 습관 덕분에 기회를 포착할 수 있었다. 비록 청약에 당첨되지는 않았지만 이런 정보는 과거에도 수없이 많았고 앞으로도 많을 것이다.

경제신문을 읽고도 시간이 남는다면 경제지를 구독해 보는 것을 추천한다. 부자들 중에는 여러 개의 경제지를 구독하는 사람이 많다고 한다. 경제지는 주간 내지 월간으로 간행되는 만큼 신문보다 큰 단위의 흐름을 파악하는 데 유용하고 전문가의 깊이 있는 분석이나 전망을 접할 수 있다. 나도 아직 경제신문으로 벅차지만 빠른 시일 내에 경제지 구독을 시작할 계획이다.

마지막으로 강조할 새벽 기상 역시 많은 부자들이 공통적으로 가진 습관이다. 새벽 3시에 일어나는 빌 게이츠와 새벽 3시에 일어나 아침 해가 뜨기를 재촉했다는 고(故) 정주영 회장, 새벽 5시에 일어난다는 제네럴 모터스의 전 CEO 대니얼 애커슨 등 아침형 인간인 부자를 나열하면 끝이 없다.

월간지 '현대 경영'에서 우리나라 100대 기업 CEO 40명을 대상으로 조사한 결과 평균 기상 시간은 5시 45분, 평균 출근 시간은 7시 47분으로 나타났다.

부자들은 하루 중 아침을 가장 생산성이 높은 때라고 여긴다. 부자들은 적게 자는 것이 아니다. 단지 일찍 자고 일찍 일어날 뿐이다. 그들은 늦은 밤에 활동하는 대신 아침에 활동한다. 이 차이가 시간 활용에 큰 차이를 만든다.

평범한 사람들이 늦은 밤에 하는 일은 대개 생산성이 낮다. TV를 보거나 컴퓨터를 하면서 시간을 때울 뿐이다. 낮 동안의 업무로 피곤하기 때문이다. 밤에 사람을 만나면 대부분 술을 마시게 된다. 밤 시간을 활용해서 책을 보거나 공부를 한다고 해도 효율이 떨어진다. 자기 전에 하는 모든 활동은 취침 시간을 늦어지게 하거나 숙면을 방해한다. 결국 다음 날 출근에 지장이 생기고 낮 시간의 업무에 지장을 준다. 이렇듯 악순환은 반복되기 쉽다.

하지만 일찍 자고 새벽에 일어나면 반대다. 설령 새벽에 TV를 보거나 컴퓨터를 한다고 해도 잠을 깨는 데 도움이 되고 하루를 즐거운 마음으로 시작하게 해 준다. 조찬 모임에 가서 인맥을 쌓고 지식을 얻을 수 있다. 책이나 신문을 읽어도 머리에 잘 들어온다. 항상 여유 있게 출근할 수 있고 낮 동안 업무 효율도 올라간다. 저녁에 일찍 졸리기 때문에 일찍 자게 된다. 선순환이 반복된다.

평소에 책 한 권 안 읽고 경제신문도 읽지 않고 매일 늦잠 자는 부자를 상상해 보라. 상상이 되는가? 물론 이 세 가지 습관을 들인다고 모두 부자가 되는 것은 아니다. 하지만 이것들조차 실천하지 못하면 부자가 될 가능성은 매우 희박하다. 마치 체력 단련을 하지 않는 운동선수와 같다.

부자가 되기 위해서는 평소에 '부자 근육'을 길러 놓아야 한다. 그래야 기회가 왔을 때 잡을 수 있고 위기가 와도 극복할 수 있다. 오늘부터라도 경제적 자유를 손에 넣기 위한 필수 습관을 실천해 보자.

건강 관리

최고의 재테크는
건강 관리다

부귀도 명예도 그리고 지식도 미덕도 사랑도 건강이 없으면
모두 낡고 사라져 버린다.
― 몽테뉴

중국을 최초로 통일한 진시황과 세계에서 가장 오래된 바빌로니아의 서사시에 등장하는 길가메시의 공통점은 무엇일까? 바로 말년에 불로초를 찾으려 했으나 결국 실패했다는 점이다. 이들이 추구한 것은 단순한 장생이 아니다. 바로 '불로'장생이다. 늙지 않는다는 것은 젊을 때처럼 건강하다는 것을 의미한다. 거동도 못할 만큼 늙고 고통에 몸부림칠 정도로 깊이 병든 채로 오래 사는 것은 의미가 없다.

《부의 추월차선》의 저자 엠제이 드마코는 부의 3요소로 3F를 든다. 바로 가족(Family, 관계), 자유(Freedom, 선택), 그리고 신체(Fitness, 건강)다. 그는 이 세 가지를 모두 충족해야 행복을 얻을

수 있다고 말한다. 나 역시 동의한다. 그런데 대인관계나 선택의 자유를 잃는다고 건강을 잃지는 않는다. 반면 건강을 잃으면 모든 것을 잃는다. 치료하는 데 돈을 쓰는 동시에 일할 능력과 의욕을 잃어 수입이 줄어든다. 몸을 추스르기 위해 시간을 허비해야 한다. 인생의 선택지가 줄어들게 된다. 또 사람을 만나기 힘들어지기 때문에 인간관계가 위축된다. 긴 병에 효자 없다는 말처럼 가족조차 잃을 수 있다. 건강을 잃으면 결국 행복을 잃는다.

젊은 시절에는 3F 중 건강이 이미 갖춰져 있다. 그래서 건강의 소중함을 모른 채 인간관계와 선택의 자유를 위해 혼신의 힘을 다한다. 잠을 줄여서 일하고, 불규칙하게 식사를 하고, 회식 자리에서 과음하고, 스트레스를 풀기 위해 담배를 피운다. 내일의 몸 상태는 오늘과 같을 것이라 믿으며 건강을 돌보지 않는다. 몸매를 위해 운동하는 사람은 많지만 건강 관련 칼럼이나 책을 읽으면서 진지하게 공부하는 젊은이는 보기 드물다.

많은 사람들이 아픈 곳이 생기거나 건강검진에서 심각한 병이 발견된 다음에야 건강에 관심을 가지기 시작한다. 담배를 끊고 술을 줄이고 몸에 좋다는 식품을 먹고 운동을 하면 예전처럼 건강하게 지낼 수 있을 것이라고 기대한다. 하지만 이는 착각이다.

몸은 자동차와 같은 소모품이다. 중고차는 아무리 관리를 잘해도 새 차가 될 수 없다. 우리 몸은 태어날 때부터 죽는 순간까지 계속 늙어 간다. 자고 있을 때조차도 늙는다. 피부는 탄력을 잃어 가고 근육은 약해지고 연골은 닳고 혈관은 딱딱해지고 머리카락은 빠지거나 색이 바랜다. DNA 손상이 누적되고 호르몬 분비는 균형을 잃어 간다.

돈은 모으는 것이지만 건강은 지키는 것이다. 돈이 많을수록 돈을 벌기가 쉬운 것처럼 건강도 건강할수록 지키기가 쉽다. 젊고 건강할 때 올바른 건강 상식을 터득해 실천하면 쉽게 시간과 돈을 벌 수 있다. 하지만 건강 상식을 모두 나열하자면 이 책 한 권으로도 턱없이 부족하다. 의사도 다 알지 못하는 내용을 다 공부할 필요는 없다. 대신 지금부터 설명할 세 가지는 반드시 기억하고 실천해야 한다. 그것은 '다치지 말기', '자해하지 말기', '잘 자기'다.

대학생 때 호신술 수업을 들은 적이 있다. 나는 영화에 나오는 화려한 무술을 배울 것이라 기대했다. 그러나 첫 시간에 배운 호신술은 도망가기와 소리 지르기였다. 몸을 지키는 가장 확실한 방법은 위험에서 빠져나오는 것이지 위험과 맞서 싸우는 것이 아니었다. 어설프게 배운 무술로 강도와 싸워 봤자 더 큰 위험에 빠질 뿐이다.

건강도 마찬가지다. 다치지 않는 것이 기본이다. 평생 병원 신세를 져 본 적 없어도 안전벨트를 제대로 착용하지 않으면 남은 인생을 병원에서 보내게 될 수도 있다. 평소에 이어폰도 쓰지 않으며 청력을 건강하게 관리해도 누군가가 내 귀에 대고 폭죽을 터뜨리면 하루아침에 보청기 신세를 져야 할 수도 있다. 자동차를 아무리 조심스럽게 운전하고 철저하게 관리해도 교통사고가 나거나 침수되면 중고차 가격이 크게 내려가는 것과 마찬가지다.

역설적이게도 사람들은 건강을 위해 운동할 때 주로 다친다. 나는 몇 달 전까지만 해도 크로스핏을 했다. 크로스핏은 짧은 시간에 체력과 근력을 기를 수 있는 강도 높은 운동이다. 나는 짧은 시간에 몸을 만들기 위해 매번 한계까지 힘을 짜냈다. 기록은 하루가 다르게 향상됐고 근육도 커졌다. 하지만 어느 날 허리와 손목을 다치는 바람에 운동을 그만두어야 했다. 결국 몸은 운동하기 전 수준으로 되돌아갔고 손목과 허리에는 후유증이 남았다. 다친 후 병원에서 썼던 돈만큼 미리 허리와 손목을 보호하는 장비를 구입했다면 어땠을까 후회가 남았다.

등산도 마찬가지다. 등산은 맑은 공기를 마시며 심폐지구력을 향상시킬 수 있는 좋은 운동이다. 하지만 좋은 등산화를 비롯한 안전 장비를 구입하는 데 인색했다가는 장비값에 몇 배나 되는 병원비를 내게 될 수 있다. 등산의 목적은 건강을 '유지하기' 위해서다. 운동 효과를 올리겠다고 가파른 등산길을 오르는 것은 본래의 목적에 어긋나는 행동이다. 절대 다칠 리가 없는 안전한 길을 선택해야 한다.

대부분의 사람들은 자신이 자해하고 있는지 모른다. 반대로 몸에 좋은 행동을 할 때는 과도하게 의식하는 경우가 많다. 예를 들어, 한때 외식업계에 웰빙 열풍이 분 적이 있다. 식당마다 자신들이 파는 음식이 만병통치약인 것처럼 홍보했다. 물론 효능이야 있을 것이다. 그러나 평소 식습관이 좋지 않으면 다 소용없다. 웰빙 음식은 해독제가 아니다. 일주일 중 한 끼 채식한다고 채식주의자가 되는 것은 아니다. 차라리 평소에 건강한 식단을 유지하고 기분 전환 삼아 식당에서 맛있는 음식을 사 먹는 것이 낫다.

식습관 말고도 사람들이 늘 하는 자해는 다양하다. 평소에 앉는 자세도 그중 하나다. 바르게 앉는 자세를 알지만 실천하는 사람은 드물다. 물리치료를 받기 위해 실손보험료를 내지 말고 그 돈으로 등받이 쿠션을 구입하고 좋은 의자를 구입하는 편이 낫다. 밥이나 간식을 먹고 바로 양치질을 하지 않는 것도 자해 행위다. 자신의 치아를 음식물 쓰레기통에 던져 놓는 것과 같기 때문이다. 맹물이 아닌 다른 것을 먹었으면 3분 이내에 양치질을 해야 한다. 정말 바쁘면 구강청결제라도 쓰자. 신경치료 한 번 받는 비용이면 한 박스를 사고도 남는다.

애연가들에게는 미안하지만 흡연만큼 치명적인 자해 행위는 없다. 기침과 가래 때문에 약을 타러 보건소에 오는 흡연자들이 많다. 그들에게는 어떤 약을 처방해도 소용없다. 금연이 유일한 치료다. 흡연은 폐암 등 많은 질병의 발병률을 높인다. 아무리 몸에 좋은 보약이나 건강보조식품을 먹고 운동을 해도 금연을 하지 않으면 소용없다. 마치 머리를 감으면서 헤어드라이어로 머리를 말리겠다고 하는 것이나 마찬가지다.

운동을 할 때도 자신도 모르게 자해하는 경우가 많다. 대부분의 운동은 근력을 향상시키지만 관절을 망가뜨린다. 하산이 가장 대표적인 예다. 산을 내려갈 때는 무릎이나 발목 관절에 큰 충격이 가해진다. 근력은 강해질지 몰라도 관절은 상한다. 근력은 약해도 일상생활에 지장이 없지만 관절이 망가지면 가만히 있어도 고통스럽다. 어떤 운동을 하더라도 허리나 주요 관절에 무리가 되지는 않는지 항상 생각하자. 이 같은 상황을 고려하지 않는다면 당장 다치지 않더라도 서서히 골병이 들 수 있다. 많은 운동선수들이 정형외과나 신경외과 병원의 충성 고객이라는 점을 명심하자.

마지막으로 강조하고 싶은 점은 수면이다. 사람은 인생의 3분의 1을 자면서 보낸다. 수면량 보존의 법칙 때문에 잠을 줄이는 것에도 한계가 있다. 따라서 우리는 잠을 잘 자야 한다. 잠만 잘 자도 피부가 좋아지고 면역력이 향상되고 우울증이 예방된다. 매사에 의욕이 넘치고 긍정적인 마음을 유지할 수 있다. 아무리 고되고 힘든 시절도 숙면만 취할 수 있으면 견딜 수 있다.

응급실 인턴 시절, 몸은 힘들었지만 버틸 수 있었던 것은 오프

때 푹 잘 수 있었기 때문이다. 만약 불면증이 있거나 아침에 일어날 때마다 몸과 눈꺼풀이 무겁다면 당장이라도 수면에 대한 책이나 칼럼을 보길 바란다. 다른 것은 몰라도 침구나 잠옷에는 투자를 아끼지 말아야 한다. 잠을 제대로 못 자면 건강은 물론 대인관계도 잃기 쉽고 수입도 줄어들 수밖에 없다. 숙면은 건강관리의 기본이다.

건강한 사람과 아픈 사람은 완전히 다른 인생을 살 수밖에 없다. 부자들은 대개 건강하다. 부자라서 건강한 것이 아니라 건강했기 때문에 부자가 될 수 있었던 것이다. 재테크의 기본은 절약이다. 그런 점에서 건강은 최고의 재테크다. 건강을 잘 유지하기만 해도 수억 원을 아끼는 효과가 있다는 것을 명심하자.

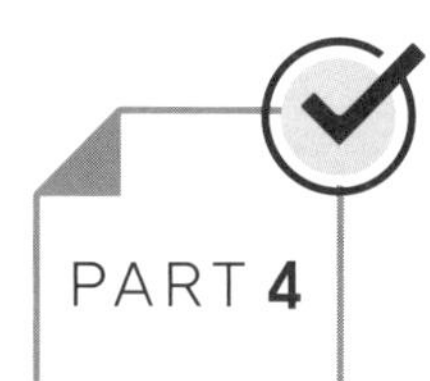

부를 끌어당기는 부자들의 공부법

01

생각이
인생을 결정한다

우리는 어렸을 때부터 다양한 동화를 접한다. 대부분의 스토리는 착한 사람이 잘되고 악한 사람이 벌을 받는 내용이다. 산타클로스도 착한 아이에게 선물을 준다. 그 결과 착하고 성실한 사람이 잘되는 것이 세상의 이치라고 생각하게 된다. 그래서 적게 일하고 많이 버는 사람을 보면 분노하고, 열심히 일하는데 가난한 자신의 처지를 이해하지 못한다. 그런데 한번 생각해 보자. 그저 착하고 성실하기만 할 뿐인 주인공들이 이야기의 결말처럼 엄청난 행운을 누릴 자격이 있을까?

《흥부전》의 흥부는 자신의 경제력은 생각지도 않고 자식만 스물아홉 명을 낳은 인물이다. 악하지는 않지만 그렇다고 현명한 것 같지도 않다. 흥부가 해피엔딩을 맞이한 결정적인 이유는 제비 다리를 고쳐 주었다는 것 하나뿐이다.

《콩쥐팥쥐》나 《신데렐라》도 마찬가지다. 콩쥐나 신데렐라의 처지는 동정심을 유발한다. 하지만 불쌍하다고 왕자와 결혼하는 행운을 누려야 하는 것은 아니다. 악행을 저지른 계모와 딸들이 처벌을 받아야 하는 것은 옳으나 마음씨 착한 콩쥐나 신데렐라가 왕족이 되는 것은 당연하지 않다.

이런 동화 속 이야기의 결말은 모두 '바람'일 뿐 '세상이 돌아가는 원리'가 아니다. 착하고 성실하고 불쌍한 사람은 많다. 이들을 보면 도와주고 싶은 마음도 들 것이다. 하지만 이들에게 전 재산을 주거나 평생 먹고 살 수 있도록 돈을 대 주겠다는 사람은 없다. 왜냐하면 그럴 이유가 없기 때문이다. 착함과 성실함은 도덕이나 계율에 가깝다.

가난하다고 악행을 저질러도 되는 것은 아니다. 선행은 대가가 없어도 해야 하는 것이다. 세상의 원리는 이야기와 전혀 다르다. 이것을 알지 못하면 평생 동안 잘못된 선택만 반복하면서 세상을 원망하게 된다. 이제부터 인생을 살면서 올바른 선택을 하기 위해 알아야 할 두 가지 원리를 설명해 보겠다.

첫 번째 원리는 '주고받기(give and take)'다. 당신의 소득은 당신이 소비자에게 제공하는 가치의 대가다. 여기서 말하는 소비자는 사람, 기업, 국가, 세상 등이다. 신데렐라가 불쌍한 건 맞다. 하지만 그녀가 세상에 제공한 가치는 가사노동이 전부다. 그 외에 그녀가 계모와 새 언니의 괴롭힘으로부터 요정의 도움을 받은 것, 왕자가 그녀에게 반한 것은 모두 '운'이다. 그녀의 계모와 새 언니들이 운 좋은 신데렐라를 시기하는 것은 당연하다. 신데렐라가 나라를 구한 것도 아니고 왕자의 목숨을 구한 것도 아니기 때문이다. 당신이라면 후배가 가난한 집안에서 태어났고 효심이 지극하다는 이유로 당신보다 먼저 승진하는 것을 인정하겠는가?

자신이 제공하는 가치를 평가하는 것은 소비자다. 자신이 만든 물건이나 서비스의 가격을 정할 수 있다고 해도 최종 판단은 소비자의 몫인 것이다. 아무리 정성 들여 음식을 만들어도 손님 입맛에 안 맞으면 소용없다.

당신이 보기에 완벽한 기획서라도 결재자 마음에 안 들면 휴지 조각이다. 소비자가 생각하는 가치보다 비싼 값에 팔면 사기꾼으로 몰린다. 세상은 당신에게 어떤 딱한 사정이 있는지 얼마나 노력했는지 관심이 없다. 당신이 큰돈을 버는 방법은 '세상이 비싸게 쳐주는 것'을 파는 것이다.

보건복지부에서 정한 의료수가를 보면 선천성 심장기형 수술비가 쌍꺼풀 수술비보다 저렴하다. 그런데 심장 수술을 집도하기 위해서는 쌍꺼풀 수술을 배우는 것보다 힘든 과정을 거쳐야 한다.

작은 실수가 바로 사망으로 이어지기 때문에 수술을 수백 번 겪어야 한다. 하지만 보건복지부는 물론 환아의 부모도 심장 수술비가 싸다고 생각하지 않는다.

이쯤 되면 무엇인가 잘못된 느낌이 들 것이다. 제대로 대우받지 못하는 흉부외과 의사처럼 억울한 감정이 들 것이다. 불공평하기 때문이다.

세상은 공평하지 않다. 빌 게이츠는 "인생이란 결코 공평하지 않다. 이 사실에 익숙해져라."라고 말했다. 나 역시 동의한다. 그렇다고 세상이 불공평해야 한다고 주장하는 것이 아니다. 세상 어디에도 공평한 것은 없다는 사실을 받아들여야 한다는 의미다.

사람마다 태어난 날짜나 시대, 성별, 재능, 유전자, 부모, 집안, 국가가 다르다. 인생은 시작하는 순간부터 불공평하다. 당신이 이 책을 읽을 수 있는 것도 경제적으로 어려운 사막 국가의 빈민촌에서 태어나지 않았기 때문이다.

레슨비를 감당하기 어려운 가정에서 태어나면 피아니스트가 되기 어렵다. 키가 작은 사람은 농구 선수로 성공하기 어렵다. 이것이 현실이다. 나도 한때 피부과를 전공하려 했으나 피부가 너무 안 좋아서 고객에게 신뢰를 주기 어려울 것 같다는 이야기를 듣고 마음을 접었다. 열심히 노력하면 누구나 좋은 결과를 거둘 수 있는 학교 시험이 있다고 해도 공평할 수 없다.

주의력결핍 과잉행동장애(ADHD) 앓고 있어서 집중력이 산만한 아이는 남들처럼 노력하기도 힘들다. 이처럼 '누구나' 열심히 노력할 수 있는 것은 아니다. 논란의 여지는 있으나, 형제의 출생 순서가 성실성과 노력에 영향을 미친다는 연구 결과도 있다.

공평함은 환상이다. 세상이 불공평하다는 것을 받아들이고 현재 상황에서 조금이라도 자신에게 유리한 선택을 하는 편이 현명하다. 재능이 없다면 재능을 탓할 시간에 남들보다 더 노력해야 한다. 가난하다면 악착같이 아껴서 돈을 모아야 한다. 공부할 시간이 없다면 쉬는 시간을 줄여야 한다. 처지가 어려울 때는 자존심을 굽히고 도움을 청해야 한다. 냉소적인 태도로 모든 것을 포기한다고 달라지는 것은 아무것도 없는 법이다.

레지던트 동료나 선후배 중에는 어렸을 때 미국에서 살다 왔다는 이유만으로 영어 발표를 손쉽게 해 버리는 사람이 많았다. 나는 이들과 비슷한 성과를 내기 위해 그들보다 몇 배 이상의 시간을 투자할 수밖에 없었다. 물론 아무리 노력해도 그들만큼 유창하게 할 수는 없었다. 하지만 노력조차 하지 않았으면 그저 영어 발표 못하는 레지던트로 남고 말았을 것이다.

인생에 찾아오는 우연도 사람마다 다르다. 어떤 사람은 은인을 만나 큰 복을 누리는 반면 어떤 사람은 길에서 강도를 만나 봉변을 당한다. 한 지인은 수능시험 직전에 맹장염 수술을 받고 환자

복을 입은 채 시험을 봐야 했다. 나는 처음 해 본 토지 청약에 두 필지나 당첨됐지만 수년 동안 한 번도 당첨되지 못한 사람도 많다.

세상이 완벽하면 좋겠지만 실제로는 그렇지 않다. 불만거리는 항상 있을 수밖에 없다. 인생은 항상 선택과 행운의 결합체다. 자신이 할 수 있는 일은 주어진 여건에서 최선을 선택하는 것뿐이다.

부동산 투자를 부정적으로 생각해 봤자 자신만 더욱 가난해질 뿐이다. 재능이 없다고, 환경이 열악하다고 한탄해 봤자 인생은 나아지지 않는다. 현실을 부정하던 사고의 틀에서 벗어나 현실을 있는 그대로 보도록 하자. 바꿀 수 있는 것은 오직 자신뿐임을 기억해야 한다.

02

도전하는 인생에
돈이 모인다

우리가 해야 할 일은 끊임없이 호기심을 갖고
새로운 생각을 시험해 보고 새로운 인상을 받는 것이다.
– 월터 페이터

의대에 다닐 때, 일주일에 한 시간 '환자·의사·사회'라는 수업이 있었다. 그 시간에는 의학이 아니라 역사나 의료 윤리 분야를 배우는 시간이었다. 어떤 학기에는 환자와 소통하는 방법에 대해 배웠다. 우리는 수업 시간에 한 내과 교수가 증상도 제대로 호소하지도 못하는 할머니에게 적절한 질문을 던져 올바른 진단에 이르는 과정을 담은 동영상을 시청했다. 또 환자에게 암에 걸렸다는 것을 알린 다음 환자가 절망하지 않고 적절한 치료를 받을 수 있도록 안내하는 방법을 배우며 다양한 상황에서의 역할극을 직접 해 보기도 했다.

이 수업에서 강조하는 것은 의술만 뛰어나서는 훌륭한 의사가 될 수 없다는 것이다. 물론 의사가 아무리 인자하고 말을 잘해도 돌팔이면 그냥 형편없는 의사다. 그러나 의술을 갖췄다면 의술 외의 지식과 소양을 갖추어야 한다. 대학병원 교수라면 연구와 교육도 잘해야 하고, 개원한 의사라면 부동산, 세무, 경영, 마케팅, 홍보 등에 대한 지식도 갖추어야 한다.

많은 사람이 가정과 학교를 떠나면 배움을 멈춘다. 그런데 삶을 살면서 부딪치는 문제를 해결하는 데 필요한 지식의 대부분은 학교에서 가르쳐 주지 않는다. 유치원부터 대학원까지 길고 긴 배움의 시절을 거쳐 왔지만, 우리는 아직도 많은 것을 배워야 한다. 세상에는 학교에서 배우는 삼각함수나 원소주기율표보다 더 중요한 것이 많다.

예를 들어, 세무에 대해서 잘 모르면 자신도 모르는 사이에 탈세자가 될 수 있다. 최근에 세금을 연체했다고 고지서가 날아왔다. 1년 전에 받은 자문료에 대한 종합소득세를 신고하지 않았던 것이다. 나는 평생 월급쟁이로 살아왔기 때문에 연말정산 말고는 세금에 대해서 아는 바가 없었다. 몰랐다는 핑계는 국세청에 통하지 않았고 결국 벌금을 물어야 했다.

고등학교는 대학생을 만드는 곳이고 대학교는 오로지 학자를 키우는 곳이다. 그래서 필요한 사람만 배우면 되는 국어나 영어나 수학은 필수 과목인 반면 살면서 꼭 필요한 세무, 재무관리, 투자,

대인관계, 커뮤니케이션은 필수 과목이 아니다. 결국 이런 지식이 필요한지도 모르는 사람은 영원히 배우지 못한다.

여기서 교육 제도를 말하는 것은 중요하지 않다. 학교에서 배우지 않았던 지식 중에 중요하고 유용한 것이 많다는 것을 아는 것이 중요하다. 대부분의 사람들은 지금까지 배운 지식으로 해결할 수 없는 문제에 직면할 때마다 시행착오를 겪는다. 문제를 돌파하려면 시행착오를 겪는 중에 새로운 '배움'을 얻어야 한다. 그런데 때로는 시행착오가 너무 길고 험난할 수 있다.

기존에 자리 잡은 고정관념이 강한 경우가 특히 그렇다. 여기 한 세일즈맨이 있다. 그는 상품의 장점과 단점은 물론 주요 고객의 특성에 대해서도 아주 잘 알고 있었다. 그러나 그는 빈번히 계약에 실패했다. 그는 자신에게 아무런 문제가 없고 단지 운이 나쁠 뿐이라고 생각했다. 하지만 그의 문제는 발성에 있었다. 동료가 그의 발성 문제를 여러 번 지적했지만 그는 귀담아듣지 않았다. 발성은 사소한 것이라고 무의식중에 생각하고 있었기 때문이다.

나는 로버트 기요사키의 《부자 아빠》 시리즈를 인상 깊게 읽었다. 누가 나에게 책을 추천해 달라고 하면 그의 책 몇 권을 꼭 포함시킬 것이다. 하지만 나는 이 책의 존재를 알고 2년이 지난 후에야 읽을 수 있었다. 나보다 그 책을 먼저 읽은 지인이 "결국 부동산에 투자하라는 소리네."라고 말했기 때문이다.

당시에 나는 부동산 투자는 부자만 하는 것이라는 고정관념에 갇혀 있었다. 그래서 그 책에 부동산 투자에 대한 내용이 실려 있다는 말만 듣고 책을 읽지 않았다. 결국 부동산 가치 상승기였던 2년을 부동산과 담을 쌓은 채 흘려보내고 말았다.

고정관념은 새로운 배움을 방해한다. 외과 의사 중에는 자신이 배운 방식을 끝까지 고수하는 사람이 있다. 수술 잘하기로 소문난 어느 외과 교수는 수술할 때 항상 손으로 직접 봉합한다. 그의 봉합은 매우 빠르고 정교하다. 하지만 다른 외과 의사는 그의 방식을 따라 하지 않는다.

의료기기 회사에서 만든 봉합 기구를 이용하면 누구나 빠르고 정교하게 봉합할 수 있기 때문이다. 인턴 때 만난 젊은 외과 교수는 수술 중 그 봉합 기구를 사용하면서 "그 고집불통 교수의 손이 아무리 빨라도 이것보다 빠를 순 없다."라며 비꼬았다.

자신이 어떤 분야에 대해 잘 모르고 있다면 그것은 고정관념 때문이다. 그 분야에 대해서 몰라도 아무 문제가 없다고 생각하거나 그 분야를 배우는 데 시간을 투자하는 것은 시간 낭비라고 여기는 것이다. 그런데 고정관념 중에는 주변 사람으로부터 세뇌되거나 자신이 지레 짐작한 것이 많다.

나는 부동산 투자는 부자들이나 할 수 있는 것이라는 주변 사람들의 이야기에 세뇌되었다. 그래서 나는 부자가 아니기 때문에 부동산 투자를 배울 필요가 없다고 착각했다. 또 베스트셀러 작가들의 책만 읽어 보고 책은 성공한 사람이나 쓰는 것이라고 내 멋대로 생각하고 있었다. 찾아보면 평범한 사람 중에서 책을 낸 사람이 많은데도 말이다.

일이 잘 풀리지 않을 때는 새로운 배움이 필요하다. 그런데도 기존에 알고 있던 방법으로 계속 부딪치는 것은 재부팅해도 안 고쳐지는 컴퓨터를 계속 껐다 켜는 것과 마찬가지다. 경기의 흐름을 놓쳐서 손해를 봤다면 거시경제를 배우고, 상사나 동료와 잘 지내는 데 어려움을 느낀다면 대인관계를 공부하고, 연애를 지속하는 데 자꾸 실패한다면 대화법이나 성별이 다른 사람의 심리를 이해하기 위한 노력을 해야 한다.

어려움이 없을 때도 끊임없이 배워야 한다. 시대에 따라 새로운 지식이 생겨나며 알고 있던 지식도 변하기 때문이다. 기술이나 과학은 물론 뜨는 산업과 지는 산업이 있으며 마케팅 방식도 시대에 따라 변한다.

부동산이나 금융과 관련된 제도도 끊임없이 바뀌며 그에 따라 취해야 하는 전략도 달라진다. 책을 쓰는 방식도 유명인의 사례를 인용했던 것에서 작가의 개인적인 이야기를 싣는 쪽으로 트렌드가 바뀌었다. 내연기관만 다루던 자동차 정비공은 앞으로 전기자동차를 정비하기 위해 새로운 지식을 습득해야 할 것이다.

벤자민 프랭클린은 "지식에 투자하는 것은 항상 최고의 이자를 지불한다."라고 말했다. 문제는 부족한 배움 때문에 생기며 해답은 항상 새로운 배움에 있다. 지금까지 자신을 가두던 고정관념을 벗어던지고 낯선 지식에 관심을 가져 보자.

03

자기계발로
돈과 시간을 벌어라

스마트폰 게임에는 두 부류의 플레이어가 있다. 한 부류는 '무과금 플레이어'로 게임에 돈을 쓰지 않는다. 공짜 게임은 사실 공짜가 아니다. 현금 결제를 하지 않으면 지루한 반복 작업을 해야 한다. 무과금 플레이어는 결제 대신 지루한 반복 작업을 선택한다. 그들은 돈을 아끼기 위해 지불하는 것이다.

다른 한 부류는 '과금 플레이어'로 게임에 돈을 아끼지 않는다. 그들은 재미없는 반복 작업에 시간을 낭비하지 않는다. 차라리 그 시간에 현실에서 돈을 벌어서 결제한다. 그들은 시간을 아끼기 위해 돈을 지불한다. 게임에 질리면 그때까지 결제한 돈에 미련을 두지 않고 그만둔다. 결재한 금액만큼 이미 시간을 벌었기 때문이다.

나도 처음에는 돈을 아끼면서 게임을 했다. 하지만 원하는 아이템을 얻기 위해서는 게임에 지나치게 많은 시간을 투자해야 했다. 하지만 돈을 쓰면 원하는 아이템을 바로 손에 넣을 수 있었다. 그래서 과외 아르바이트를 하나 더 구해서 그 돈으로 아이템을 구입했다. 게임하는 시간은 줄었지만 훨씬 즐겁게 즐길 수 있었다.

현실에도 마찬가지로 두 부류의 사람들이 있다. 한 부류는 돈을 아끼기 위해 차를 한두 시간 몰아서 교외에 있는 아울렛을 찾아간다. 온라인으로 물건을 살 때마다 조금이라도 싸게 사기 위해 한참 동안 최저가 검색을 한다. 100원이라도 싸게 살 수 있는 사이트를 발견하면 회원가입도 마다하지 않는다. 다른 부류는 비싸도 가까운 곳에서 쇼핑한다. 시간을 아끼기 위해서다. 온라인으로 물건을 살 때도 익숙하고 결제가 편한 사이트에서 구입한다. 작은 금액의 차이는 신경 쓰지 않는다.

누구에게나 하루는 24시간으로 공평하다. 돈은 벌 수도 있고 쓸 수도 있지만 시간은 밑 빠진 독의 물처럼 계속 줄어들 뿐이다. 꿈을 이룬 뒤 행복을 만끽하려고 해도 시간이 필요하다. 달성하는 순간 죽어도 여한이 없는 꿈을 가진 사람은 없다.

우리가 실제로 목표로 삼아야 하는 것은 '꿈을 이룬 뒤의 삶'이다. 하루라도 젊을 때 꿈을 이루어야 한다. 시간을 구입할 방법은 없다. 의학의 발전으로 수명이 늘어날 수는 있어도 젊음이 돌아오지는 않는다. 유일하게 할 수 있는 일은 시간을 아끼는 방법을 찾는 것이다. 5년 걸려 이룰 것을 1년 만에 이룰 방법을 찾아야 한다.

시간을 아끼는 방법을 예로 들어 보겠다. 블로그를 처음 만들려고 하면 시간이 많이 든다. 마음에 드는 블로그가 탄생하려면 좀 더 시간이 필요하다. 하지만 블로그 제작 업체에 의뢰하면 며칠 안에 세련된 블로그를 받아 볼 수 있다. 게다가 블로그를 빨리 완성한 만큼 블로그 마케팅을 일찍 시작할 수 있다. 돈을 쓴 결과 더 많은 돈을 아끼게 되는 것이다.

사람들이 학원에 다니는 이유도 시간을 아끼기 위해서다. 예를 들어, 누구라도 노력하면 독학으로 조리사 자격증을 딸 수 있다. 하지만 대부분의 사람들은 수업료를 내고 학원에 다닌다. 독학하면 오래 걸린다는 것을 알기 때문이다. 학원생들은 학원에서 노하우나 비결을 배워서 합격까지 걸리는 시간을 단축한다. 수업료는 지식에 대한 값이 아니라 단축할 수 있는 시간에 대한 값이다.

시간의 가치는 사람마다 다르다. 살 수 있는 날이 1년밖에 남지 않은 사람의 하루와 건강한 10대 청년의 하루는 같지 않다. 아마도 전자가 하루를 더 소중하게 생각할 확률이 크다. 하지만 배움의 관점에서는 반대다. 젊을 때 배울수록 배운 지식을 더 오랫동안 활용할 수 있다. 첫 월급을 받기 전부터 재테크를 공부한 사람은 그렇지 않은 사람보다 더 짧은 시간 안에 부를 축적한다. 배움의 효과는 복리로 나타난다. 세월이 흐를수록 기하급수적으로 시간을 아낄 수 있다.

지금 당신이 읽고 있는 이 책은 나의 첫 개인 저서다. 나는 〈한책협〉의 김태광 대표 코치에게 책 쓰기 지도를 받았다. 당시 수업료는 950만 원이었다. 처음에는 비용이 부담스러워서 혼자 써 보려고 했다. 책 쓰기에 관한 책을 읽고 원고를 쓰기 시작했다. 그러나 머지않아 불안감이 엄습했다. 책 한 권 분량의 원고를 써도 받아 주는 출판사가 없으면 허송세월한 것이 되기 때문이다. 게다가 공중보건의 복무 기간은 원고에 집중할 수 있는 마지막 기회였다.

나는 고민 끝에 〈한책협〉의 '책 쓰기 과정'에 등록했다. 첫 수업이 2016년 10월 1일이었으므로 출판사의 출간 일정을 따져 볼 때, 코칭을 받지 않았으면 공중보건의 복무 기간 동안 책을 펴내지 못했을 것이다. 그러고는 병원 일에 치여서 작가 데뷔는 한참 미뤄졌을 것이다. 아마 작가가 되기를 포기했을지도 모른다.

950만 원의 수업료도 따지고 보면 비싸지 않다. 1쇄 1,500~2,000권 정도가 팔리면 200~300만 원 정도의 인세가 들어온다. 3~4권의 책을 펴내면 투자한 950만 원을 회수할 수 있는 것이다. 저서를 활용해 강연, 컨설팅, 코칭으로 부가적인 수익을 창출하면 더 빨리 회수할 수 있다.

책 한 권으로 모든 투자를 회수하는 작가도 많다. 회수한 후에는 모두 순수익이다. 몇 년 동안 작가 지망생으로 보내는 대신 작가로서 수익을 내며 살 수 있다. 동반되는 성취감과 만족감은 돈으로 환산할 수 없다. 따라서 950만 원은 결코 비싸지 않다.

나는 부동산 투자를 배우기 위해 〈직부연〉 '실전투자반 6주 과정'을 수료했다. 당시 수업료는 500만 원이었다. 처음 이 가격을 들었을 때 싸다고 생각했다. 500만 원을 저축은행에 넣어도 5% 미만의 수익률밖에 안 나온다. 수업료의 기회비용은 1년 동안 525만 원 미만이다. 부동산 투자를 제대로 배워서 1년 안에 525만 원 이상의 수익을 내는 건 어렵지 않다고 판단했다.

첫 단추를 잘 꿴 부동산 투자가 남은 평생 동안 가져올 부는 상상을 초월한다. 나는 6주 과정이 끝나기도 전에 미래에 수업료 이상의 수익을 안겨 줄 계약을 성사시켰다. 독학으로 했다면 6주 과정에서 배운 노하우를 터득하는 데 까마득한 시간이 걸렸을 것이다. 큰 손해를 입었을지도 모른다. 그 때문에 부동산 투자를 영원히 포기했을 수도 있다.

뭐든지 일찍 배운다고 시간을 아끼는 것은 아니다. 자신의 목표와 배움이 일치해야 한다. 바리스타 자격증을 딴다고 해서 더 빨리 취업에 성공하는 것은 아니다. 오히려 시간 낭비일 수 있다.

시간 낭비 때문에 생긴 손해 역시 세월에 따라 기하급수적으로 늘어난다. 수험생들의 모의고사 성적 순위가 잘 바뀌지 않는 이유도 이런 누적 효과 때문이다. 이미 많은 문제를 풀어 본 학생은 같은 시간에 더 많은 문제를 풀 수 있다. 누적된 공부량의 차이는 점점 벌어질 수밖에 없다. 젊을수록 시간 낭비를 경계해야 한다. 하루라도 빨리 목표를 정하고 목표까지 걸리는 시간을 단축할 방법을 모색해야 한다.

'내 집 마련'은 많은 신혼부부들의 목표다. 저축이나 월급을 올리는 방법은 목표 달성까지 걸리는 시간을 단축시키지 못할 가능성이 높다. 내가 살았던 아파트 가격은 2년 만에 7년 동안 모은 금액 이상으로 올랐다. 저축으로는 내 집 마련에 걸리는 시간이 오히려 늘어난다. 하지만 부동산 투자를 배우면 대출과 갈아타기를 통해 내 집 마련과 자산 축적이라는 두 마리 토끼를 동시에 잡을 수 있다. 이것이 목표와 일치하면서 시간을 아끼는 배움이다.

'오늘 한 시간이 내일 두 시간보다 가치가 있다'와 '시간은 돈이다'라는 서양 속담이 있다. 두 속담을 합치면 오늘 한 시간이 내일 두 시간보다 더 비싸다고 할 수 있다. 돈을 아끼기 위해 오늘 할 일을 내일로 미루는 것은 결코 돈을 아끼는 선택이 아니다. 아무리 큰돈이 들더라도 내일 이룰 것을 오늘 이루는 것이 결국 돈을 아끼는 선택이다. 비싼 수업료 때문에 독학했다가 허송세월한 적은 없는지 생각해 보자. 허비한 시간을 돈으로 환산해 수업료와 비교해 보자. 생각보다 수업료가 비싸지 않다는 생각이 들 것이다. 이제부터라도 돈보다 시간을 아끼는 배움을 선택하자.

04

최고가
최고를 낳는다

나는 고등학교 3학년 여름방학에 사회탐구영역을 정복하기로 마음먹었다. 수능 시험 전 마지막 방학인 만큼 결코 시간을 낭비할 수 없었다. 나는 수소문 끝에 '손사탐'이라는 별명을 가진 메가스터디의 손주은 대표의 사회탐구영역을 듣기로 결정했다. 샘플 강의를 통한 만족도는 아주 컸다.

나는 여름방학 내내 이 강의를 들었다. 그 결과 사회탐구영역 성적이 크게 올랐고 2학기 모의고사에서 400점 만점을 받기도 했다. 어려웠던 2003년도 수능시험에서 사회탐구영역에서 48점 만점에 45점을 맞았고 목표였던 경희대학교 한의학과에도 합격했다.

서울대학교 병원에는 중병을 앓고 있는 환자들이 모인다. 대부분 다른 병원에서 검사를 받고 진단을 받은 환자들이다. 원래 다니던 병원에서 치료가 불가능하기 때문에 오는 경우는 많지 않다. 대부분은 기왕이면 서울대학교 병원에서 치료를 받고 싶어서 오는 것이다. 특히 큰 수술을 받아야 하는 경우나 목숨을 위협하는 병일 경우 더욱 그렇다. 그들에게는 '다음 기회'가 없기 때문이다.

지나간 세월은 두 번 다시 돌아오지 않는다. 같은 강물에 발을 두 번 담글 수 없는 것과 같은 이치다. '똑같은 기회'는 두 번 다시 없다. 대학에 떨어지면 재수하면 되지만 '현역'이라는 꼬리표는 영원히 되찾을 수 없다. 수술도 한 번 받으면 그 부위에 유착이 생기기 때문에 재수술할 때는 난이도가 크게 올라간다. 치료 시기를 놓쳤다가 돌아올 수 없는 강을 건널 수도 있다. 따라서 항상 최선을 선택해야 한다. 값싼 차선책을 시험해 볼 여유가 없는 것이다.

무엇인가를 배울 때도 이 원칙은 그대로 적용된다. 특히 처음에 잘못 배우면 그것이 잘못되었는지조차 알기 어렵다. 피트니스 센터에 가보면 잘못된 방법으로 운동하는 사람을 흔히 볼 수 있다. 이런 사람들은 운동을 해도 근육이 늘지 않고 자주 부상을 입는다. 그럼에도 불구하고 자신은 제대로 배웠다고 믿기 때문에 추가로 배우려고 하지 않는다. 잘못을 지적하면 오히려 자신이 옳다고 고집을 피우는 경우도 있다. 운이 나쁘면 평생 잘못된 방법으로 운동하면서 체질만 탓하는 신세가 될 수도 있다.

의사들이 하는 시술이나 수술도 마찬가지다. 혈관조영실에서 인터벤션 시술 보조를 서 보면 시술자마다 실력이 다르고 사용하는 '초식'도 다르다. 시술은 도제식으로 배우기 때문에 누구에게 배우느냐가 매우 중요하다. 세브란스 병원의 교수가 대가에게 배우기 위해 서울대학교 병원에서 몇 년씩 근무하는 경우도 있었다. 최고에게 배우지 않고서는 최고 수준에 도달할 수 없다는 것을 알기 때문이다.

논문을 쓰는 법을 배울 때도 어떤 교수에게 배우느냐가 중요하다. 레지던트 시절, 한 선배는 내게 "처음 논문을 쓸 때는 A 교수와 쓰는 것이 좋다."라고 말했다. A 교수는 높은 수준의 논문을 많이 써서 '논문을 찍어 내는 공장'이라는 말까지 듣는 분이었다. 실제로 A 교수의 지도를 받아 논문을 쓴 레지던트들 대부분은 영상의학과에서 가장 권위가 높은 학회지에 이름을 올렸다. 지금은 논문에 대한 미련은 없지만, 당시에는 A 교수에게 지도를 받는 친구들이 부러웠다. 하지만 단순히 최고에게 배운다고 해서 모두가 성공하는 것은 아니다. 실력이 최고라도 잘 가르쳐 주지 않으면 배우기 힘들다.

내가 A 교수에게 논문 지도를 받지 않았던 이유 중 하나는 잘 가르쳐 주지 않는다는 소문 때문이었다. 그는 통계를 돌리는 방법처럼 세세한 부분은 알아서 해결하라는 식이었다. 특히 그와 처음 논문을 쓰는 레지던트는 오랫동안 마음고생을 해야 했다. 친절하게 가르쳐 주지 않는 사람에게 배우려면 적극적으로 달려들어야 하는데 나는 그럴 자신이 없었다.

그러나 나는 조금 다른 면에서 최고인 B 교수에게 논문 쓰는 법을 배웠다. B 교수는 나이는 A 교수보다 한참 어리지만 이제 막 교수 발령을 받은 참이라 열정이 넘쳤다. B 교수는 레지던트가 논문을 처음 쓸 때 어떤 점을 어려워하는지 잘 알고 있었다. 그래서 그는 내게 논문 쓰는 법은 물론 학회 홈페이지에 접속해서 투고하는 방법과 포토샵으로 논문에 삽입할 그림을 편집하는 방법까지 세세하게 가르쳐 주었다. 덕분에 논문 초보 시절을 쉽게 넘길 수 있었다.

그는 논문 작성의 1인자는 아닐지 몰라도 논문 작성을 지도하는 능력은 최고였다. 이처럼 최고의 스승을 찾을 때는 두 가지 면을 모두 살펴보아야 한다. 바로 실력과 가르치는 능력이다. 그런데 이것을 일일이 직접 겪어 보고 평가하기는 어렵다. 대신 주위의 평가와 업적을 통해 간접적으로 확인할 수 있다. 자신도 훌륭하면서 훌륭한 제자를 많이 배출한 사람에게 배우는 것이 최선이다.

내가 책 쓰기를 배우기 위해 〈한책협〉의 김태광 대표 코치를 찾아간 것도 같은 이유다. 그리고 《나는 쇼핑보다 부동산 투자가 좋다》는 내 인생을 바꾼 책으로 이나금 대표의 저서이다. 그 전에도 많은 책을 읽어 보았지만 이 책만큼 내게 큰 감명을 준 것은 없었다. 더욱 놀라운 것은 이 책이 이나금 대표의 첫 번째 개인 저서라는 점이었다.

나는 이나금 대표가 김태광 대표 코치에게 책 쓰기를 배웠다는 것을 알아냈다. 그는 베스트셀러를 포함해 200여 권의 책을 쓴 작가이면서 동시에 가장 많은 작가를 배출한 책 쓰기 코칭의 대가이기도 했다. 그는 실력과 가르치는 능력을 모두 갖춘 최고였다. 나는 그에게 책 쓰기를 배웠고 그 결과물을 세상에 내놓을 수 있었다.

청출어람은 쉽지 않다. 의지가 강하고 뛰어난 재능이 있다면 스승을 크게 뛰어넘을 수 있겠지만 그러지 못한 경우가 더 많다. 수술을 못하는 의사 밑에서 배운다면 그 수준을 넘기 힘들다. 그 수준을 한계라고 착각하게 되면서 시야가 좁아진다. 가지고 있는 재능조차 피우지 못할 수도 있다. 하지만 대가의 밑에서 배우면 시야가 넓어지고 자신의 한계까지 넘어설 수 있다.

시중에는 부동산 투자에 대한 책이 많다. 직장인이나 주부가 경매나 갭투자로 돈을 번 경험을 쓰거나 공인중개사가 고객에게 부동산 컨설팅을 해 준 사례를 적은 것이 대부분이다. 한때 나는 이런 사람들이 부동산 투자의 고수라고 생각했다. 하지만 그것은 착각이었다. 직접 토지를 낙찰받아서 빌딩까지 지어 본 이나금 대표의 강의를 듣고 난 후에야 '진짜 고수'가 어떤 사람인지 깨달을 수 있었다. 최고에게 배워야 보이는 세계가 있다.

최근에 의사들이 이용하는 게시판에서 소동이 있었다. 어떤 사람이 글을 올렸는데, 자기가 있는 병원의 교수가 1년에 논문 한두 편씩 쓰는 게 너무 대단하다는 내용이었다. 그러자 다른 사람이 자기가 근무하는 병원에서는 1년 차 레지던트도 그 정도는 한다며 비아냥거리는 댓글을 단 것이다. 이처럼 어디에서 누구에게 배우느냐에 따라 보는 세계가 달라진다.

최고가 된 사람들 중에는 최고에게 배운 사람이 많다. 왜냐하면 그것이 최고가 되는 가장 빠른 길이기 때문이다. 때로는 최고에게 배우기 위해서는 큰 비용을 치러야 할 수도 있다. 하지만 앞에서 언급한 두 가지를 모두 갖춘 최고라면 분명히 그만한 비용을 치를 가치가 있을 것이다. 최고의 실력을 경험하고 최고가 사는 세계를 엿보고 수제자의 대열에 합류하라.

젊을수록 멘토 찾기에 부지런해져라

《오디세이아》에서 오디세우스는 트로이 전쟁에 나가면서 집안 일과 아들 텔레마코스의 교육을 그의 친구에게 맡긴다. 친구는 오디세우스가 전쟁에서 돌아오기까지 10여 년 동안 텔레마코스의 친구, 선생, 상담자, 때로는 아버지의 역할을 수행했다. 이후로 그의 이름은 현명하고 신뢰할 수 있는 상담 상대, 지도자, 스승의 동의어로 사용되었다. 그가 바로 '멘토'다.

어릴 때에는 부모와 선생님이 멘토의 역할을 한다. 그들은 살아가는데 필요한 상식, 예절, 사회규범, 기초 지식 등을 알려 준다. 하지만 아이가 성장하면서 대부분의 부모와 선생은 멘토의 자리에서 내려온다. 성장한 아이가 자신만의 인생을 그리기 시작하기 때문이다. 이전까지는 부모와 선생이 인생의 모든 면에서 멘토링을 해 주었지만 아이가 성장하면서는 멘토링을 받지 못하는 분야가 많아진다. 대부분의 경우 공석이 된 멘토 자리를 친구나 동료로 대신한다. 그들을 신뢰하고, 상담하며 조언을 구한다. 집을 사고팔 때나 진로를 고민할 때, 몸이 아플 때조차도 이들에게 조언을 구한다. 간혹 도움이 되는 경우도 있지만 결국 자기 앞가림도 못하는 사람끼리 멘토링을 주고받는 꼴이 된다.

잘 모르는 것에 대해 혼자서 판단을 내리다 보면 실패할 가능성이 높다. 아무리 공부하고 대비한다고 해도 직접 경험해 보기 전에는 완벽하게 알기 어려운 법이다. 흔히 사람들은 '겪어 봐야 안다'라고 말한다.

시행착오를 겪어야만 성장할 수 있다는 의미다. 산전수전 다 겪은 사람 중 일부는 실패를 찬양하기까지 한다. 분명 실패는 큰 가르침을 준다. 그 가르침을 통해 잃어버린 돈과 명예를 되찾고 자존심을 회복하면 된다.

성공자의 이야기에는 빚쟁이에게 쫓기거나 집이 저당 잡혀서 힘들었던 사연, 사기를 당해서 큰 손해를 본 후 재기에 성공한 사례들이 단골 메뉴처럼 등장한다. 하지만 잃어버린 시간은 두 번 다시 돌아오지 않는다.

괴로운 시절의 기억은 추억이 아니다. 가족이나 연인이나 친구를 영영 떠나보낼 수도 있다. 모든 사람이 실패의 아픔을 딛고 일어설 수 있는 것도 아니다. 전설의 벤처 투자자 마크 안드레센은 실패를 찬양하는 '실패 페티시' 현상을 두고 "실패의 맛은 쓸 뿐이다."라고 말했다.

실패를 통해 배워야 하지만 배우기 위해 실패해서는 안 된다. 실패하지 않고 성공할 수 있다면 그 방법을 선택해야 한다. 실패가 성공의 어머니라면 성공은 성공의 아버지라고 할 수 있다. 성공하면서도 모든 과정을 경험할 수 있고 자신감과 긍정적인 마음가짐도 가질 수 있다. 무엇보다 경험하는 모든 과정에서 행복을 느낄 수 있다.

멘토가 있어야 하는 이유는 실패 확률을 줄이기 위해서다. 우리는 어릴 때부터 가정이나 학교에서 교통사고를 예방하기 위해 신호등 보는 법을 배운다. 또한 화상을 입기 전에 불이 뜨겁다는 것을 배우고, 감옥에 가기 전에 사회규범을 배운다. 멘토의 도움을 받으면 실패를 피하거나 실패해도 그 피해를 줄일 수 있다. 결국 성공을 앞당기게 된다.

나는 〈아라인베스토리〉의 이나금 대표를 부동산 투자 멘토로 삼고 있다. 부동산 투자는 적게는 수천만 원에서 많게는 수억 원이 움직인다. 한 번 크게 실패하면 인생이 흔들릴 수 있다.

부동산 투자를 공부하기 시작했을 때, 위례 신도시에 위치한 아파트를 보러 간 적이 있다. 공인중개사 사무소에서 설명을 들어 보니 대출을 받아서라도 매수해 두면 돈이 될 것 같았다. 하지만 나는 멘토의 조언을 듣고 계약하지 않았다. 만약 계약했다면 지금쯤 하우스 푸어로 전락해 힘든 나날을 보내고 있었을 것이다.

지금 당신이 읽고 있는 책도 멘토의 도움으로 탄생했다. 멘토 없이 혼자 집필할 때는 전혀 다른 주제에 대해서 쓰고 있었다. 나는 그 주제가 참신하다고 생각했고 독자도 그렇게 생각할 것이라고 기대했다. 하지만 나의 책 쓰기 멘토 김태광 대표 코치의 생각은 달랐다. 그 주제는 매력적이지 않았다. 아마 책 한 권 분량의 원고를 완성해도 받아 주는 출판사가 없어서 자비 출판을 하거나 작가의 꿈을 접었을 것이다.

멘토를 구할 때마다 멘티가 되고 싶다고 밝히면서 사제 관계를 맺어야 하는 것은 아니다. 자신이 추구하는 방향에 한 발자국이라도 앞서 있는 사람은 누구나 멘토로 삼을 수 있다. 나의 고등학생 시절 멘토는 친구 P였다. 그는 또래에 비해 어른스러웠다. 항상 합리적으로 판단하고 모든 면에서 나보다 더 성숙한 사고방식을 가진 친구였다. 나는 그 친구에게 학업이나 인간관계나 연애에 관해서도 조언을 구했다.

나는 이 책을 통해 그 누군가에게 이러한 존재가 되고 싶다.

나의 연락처인 010.7331.4078번으로 조언을 구한다면 친구, 동료, 선배가 되어 당신의 하루하루에 힘을 더해 줄 것이다.

의대에서 만난 멘토는 학년은 같지만 나이는 훨씬 많은 형이었다. 그는 풍부한 인생 경험과 의대 출신 중에서는 보기 드문 사고 방식을 가지고 있었다. 나는 그에게 금융 지식부터 인생관까지 다양한 분야의 지혜를 배웠다. 지금도 그에게 진로나 취업 등에 대해 조언을 구하고 있다.

멘토와 롤모델은 다르다. 롤모델은 내가 닮고자 하는 이상형 내지는 완성형을 뜻한다. 하지만 모든 롤모델이 추종자에게 적절한 도움을 줄 수 있는 것은 아니다. 예를 들어 테레사 수녀가 롤모델이라고 해도 이미 세상을 떠난 그녀에게 멘토링을 받을 수는 없다. 김연아 선수처럼 되고 싶어도 그녀와 연락을 취할 수 없다면 롤모델로만 삼을 수 있을 뿐 멘토로 삼을 수는 없다. 하지만 같은 사람을 롤모델로 삼은 사람은 멘토가 될 수 있다. 똑같은 목표를 가졌지만 먼저 시작한 사람은 나보다 몇 발자국 앞서 있을 것이다. 이런 사람은 롤모델보다 다가가기 쉽고 더 실질적인 조언을 해 줄 가능성이 높다. 롤모델이 항상 최고의 멘토인 것은 아니다.

EBS 〈명의〉에 나오는 의대교수를 롤모델로 삼은 레지던트가 있다고 가정해 보자. 멘토링을 받고 싶어도 바쁘고 대하기 어려운 교수를 찾아가는 것부터 쉽지 않다. 만나더라도 교수가 자신의 레지던트 시절을 기억 못하거나 시대가 많이 변해서 적절한 조언을 해주지 못할 수도 있다. 차라리 같은 교수를 롤모델 삼아 정진하고 있는 선배 레지던트를 찾아가 조언을 구하는 편이 낫다. 그러면 불과 몇 년 전의 시행착오를 선명하게 기억할 것이고 세대 차이가 나지 않기 때문에 적절한 조언을 해 줄 수 있을 것이다.

한 명의 멘토로는 부족하다. 자신이 그리는 미래의 모습과 똑같은 인생을 사는 사람은 없다. 자신과 똑같은 과거를 가진 사람도 없다. 한 사람의 멘토가 멘토링 해 줄 수 있는 범위에는 한계가 있다.

극복해야 할 과거와 맞닥뜨린 도전의 숫자만큼 다양한 멘토가 필요하다. 직장에서는 업무를 잘하는 멘토도 있어야 하고 사내정치를 잘해 출세가도를 달리는 멘토도 있어야 한다. 프레젠테이션을 잘하는 선배가 따로 있고 영업을 잘하는 선배가 따로 있을 것이다. 실패하면 안 되는 분야일수록 멘토를 찾고 조언을 구해야 한다.

멘토를 찾았다면 무작정 멘토링을 요구해서는 안 된다. 그렇게 해서는 진실된 조언을 들을 수 없다. 멘티가 되고자 한다면 멘토와 인간적인 관계를 맺어야 한다. 인간적인 관계의 기본은 받기만 해서는 안 된다. 감사를 표현하는 것을 넘어서 멘토에게 가치를 제공해야 한다. 멘토에게 가치를 제공할 능력이 안 된다면 보람이라도 느낄 수 있게 조언을 새겨듣고 실천에 옮겨야 한다.

당신이 멘토를 신뢰하는 만큼 행동으로 보여 주어 멘토도 당신을 신뢰할 수 있게 만들어야 한다. 내가 멘토가 운영하는 온라인 카페에서 열심히 활동하는 이유도 이것이다. 나는 멘토와 인간적인 관계를 맺고 싶고, 성공적인 멘토링의 증거이고 싶다.

몇 년 전, 김난도 교수의 《아프니까 청춘이다》가 베스트셀러로 유명해졌다. 하지만 이 책의 제목을 두고 말이 많았다. 혹자는 "아프면 환자지 왜 청춘이냐."라고까지 비판했다.

나도 동의한다. 인생에서 아파야 하는 시절은 없다. 아픈 시절은 추억도 낭만도 아니다. 오히려 사회에 첫발을 내딛는 청춘일수록 아프지 말아야 한다. 시행착오의 아픔을 줄이기 위해서는 반드시 멘토가 필요하다. 청춘일수록 멘토 찾기에 전력을 다해 보자.

06

꿈에 미쳐 있는 사람을 만나라

확실한 벗은 불확실한 처지에 있을 때 알려진다.
– 시세로

"당신은 자신이 가장 많은 시간을 함께 보내는 다섯 사람의 평균치다."

세계적인 철학자 짐 론이 한 말이다. 이 말은 단순히 비슷한 사람들끼리 어울리게 되는 현상을 표현하는 말이 아니다. 자신이 가장 많은 시간을 함께 보내는 사람을 바꾸면 자신의 가치도 바뀔 수 있다는 것을 의미한다. 동시에 자신과 함께 보내는 사람의 가치에 영향을 주고 있다는 의미도 포함하고 있다.

사실 이 말을 가장 신봉하는 사람은 학부모들이다. 어렸을 때 한 번쯤은 '나쁜 아이들과 어울리지 마라', '공부 잘하는 아이와 어울려라'라는 말을 들어 보았을 것이다. 그것만으로 성이 안 차는 부모들은 학군이 좋은 곳으로 이사를 가고 필요에 따라서는 위장 전입도 서슴지 않는다. 자식이 더 뛰어난 친구들 때문에 자존감이 떨어져도 모두 피가 되고 살이 될 것이라 믿는다.

나 역시 어렸을 때부터 이 말의 의미를 알았던 것 같다. 초등학교 6학년 1학기 때, 반에 친구가 딱 한 명뿐이었다. 그 친구도 내가 유일한 친구였다. 사교성이 없는 나와 그 친구는 죽이 잘 맞았다. 하지만 어느 날 문득 이렇게 둘이서만 놀다가는 평생 다른 친구를 못 만들겠다는 생각이 들었다. 그래서 친화력을 높여 다른 친구들도 많이 사귀었다. 그때 사귄 새로운 친구 중 한 명과는 지금도 연락하고 지낸다.

중학생 시절에는 집 앞에 있는 작은 보습 학원에 다녔다. 학원에 나를 포함해 3~4명밖에 없었다. 공부보다는 친구들과 같이 놀기 위해 다녔다. 수업을 빼먹고 오락실을 갔다가 선생님께 혼나기를 밥 먹듯이 했다. 그러다가 고등학교에 진학할 때가 되니 걱정이 밀려왔다. 다른 학생들이 어떻게 공부하는지 알아야겠다고 생각했다. 그래서 다니던 학원을 그만두고 대형 입시 학원에 등록했다. 한 반에 20명이 넘는 학생이 있으니 마음이 편했다. 하지만 얼마 후 학원에서 가장 높은 반에 배정되면서 불안해지기 시작했다. 나와 같은 반에 배정된 학생들이 최고일리가 없다고 생각했기 때문이다. 그래서 내가 다니던 고등학교에서 전교 1등이 다니는 학원으로 옮겼다. 그곳은 그 지역 내에 모든 고등학교의 수재들이 모여 있는 곳이었다. 당연히 나는 가장 높은 반에 배정되지 않았다. 학원에서 가장 높은 반으로 올라가기 위해 끊임없이 노력했고 고등학교 2학년 때 이과 최고 반에 합류할 수 있었다. 그리고 그곳에서 계속 공부한 결과 서울대학교 의대에 수석으로 합격했다.

나는 주위 사람을 바꾸는 방법을 통해 내 자신의 가치를 끌어올렸다. 내 경우 학원을 바꾸는 것이 유일한 방법이었다. 만약 내가 전교 1등 학생들과 같이 공부하지 않았다면 입시 결과는 훨씬 안 좋았을 것이다.

인생을 살아갈수록 만나는 사람은 점점 단조로워진다. 초등학생 때는 다양한 꿈을 가진 아이들과 함께 학교에 다녔다. 그러다가 중학교, 고등학교 진학하면서 예체능, 문과, 이과 등으로 나뉜다. 대학에 진학하면 전공이 같은 사람 외에는 만나기가 힘들어진다. 직장에 들어가면 똑같은 일을 하고 똑같은 월급을 받는 사람들만 주위에 남는다. 소속감은 느끼겠지만 점점 변화가 어려워진다.

사람은 본능적으로 변화를 싫어한다. 그래서 자신과 비슷한 처지에 있던 주변 사람이 변화를 시도하면 거부감을 느낀다. 그 거부감은 시기나 질투로 표현되기도 하지만 '착한 비관론'으로 표현되는 경우가 더 많다. 회사를 갑자기 그만두겠다고 말하는 사람의 직장 동료들이 보이는 걱정 어린 반응이 바로 그 예다.

그들의 걱정은 진짜다. 하지만 그들의 '착한 비관론'이 옳은 경우는 드물다. 당사자보다 많이 알고 오래 고민한 사람은 거의 없기 때문이다.

인턴에 지원할 때의 일이다. 내가 속한 그룹의 한 친구가 인턴을 하지 않고 기초의학 교실에 지원하겠다고 말했다. 우리는 깜짝 놀라서 그 친구를 말리기 시작했다. 나 역시 그가 인턴 생활이 두려운 나머지 충동적으로 결정한 것이라고 생각했다. 기초의학에 관심도 없었던 그가 실험실 생활을 잘 해낼지도 걱정이었다. 하지만 괜한 걱정이었다.

그에게는 내가 몰랐던 연구에 대한 열망이 있었던 것이다. 그는 기초의학 교실에 잘 적응해 괄목할 만한 성취를 이루었다. 그는 한 번도 자신의 선택을 후회하지 않았다. 그가 주변 사람의 '착한 비관론'을 받아들였다면 분명 후회했을 것이다. 그는 계속해서 나를 깜짝 놀라게 하는 선택을 하고 있다. 하지만 이제는 걱정하지 않는다. 오히려 이런 도전정신을 가진 친구가 있는 것이 자랑스럽다.

자신이 변화를 시도할 때 가장 먼저 맞닥뜨리는 큰 장애물은 다름 아닌 가족과 친구다. 그들은 당신을 진심으로 걱정하며 부정적인 의견을 쏟아낸다. 그리고 그 충고를 받아들이지 않으면 배

신감을 느낀다. 사람은 자신의 판단이 옳기를 바라기 때문에 은
연중에 당신의 도전이 실패하기를 바랄 수도 있다. 그리고 당신이
실패하면 그들은 비웃을 것이다. 당신이 성공하면 그들 중 일부는
축하해 줄지 몰라도 몇몇은 시기하고 질투할 것이다.

불만족스러운 현실을 바꾸고 싶다면 같은 생각을 가진 동료를
찾아야 한다. 꿈을 함께 나눌 수 있는 사람들 즉, 꿈맥이다. 진정한
꿈맥은 서로의 목표에 대해 긍정적인 의견을 주고받는다. 결과에
대한 책임은 온전히 자신에게 있다는 것을 서로 알기 때문에 힘
닿는 데까지 응원한다. 축하할 일이 있으면 시기하지 않고 진심으
로 축하한다.

고등학생 시절 당시 전교 1등이었던 친구가 하나 있었다. 나는
그를 동경했다. 그는 뭐든지 잘하고 인기가 많은 친구였다. 그에게
있어 나는 수많은 추종자 중 하나에 불과했지만 나를 잘 챙겨 주
었다. 하지만 어느 순간부터 내가 그를 공부로 이기기 시작했다.
그러자 그와 그의 추종자들은 나를 시기하고 멀리하기 시작했다.
익명 게시판에 나에 대한 험담이 올라오기도 했다. 이런 경험을
통해 경쟁 관계에 있는 사람은 결코 꿈맥이 될 수 없다는 것을 깨
달았다.

남들과 다른 큰 꿈을 품은 사람은 꿈맥이 아닌 사람들과 결별
해야 한다. 평소에 얼마나 가까웠는지는 중요하지 않다. 나 역시

커다란 포부를 가진 친구를 과도하게 걱정한 적이 있다. 내가 무신경하게 던진 걱정의 말은 비수가 되어 그 친구의 가슴에 꽂혔다. 결국 10년 지기 친구를 말 한마디로 잃은 경험이 있다. 내가 했던 말들을 돌이켜 보고서야 깨달았다. 나는 그의 꿈맥이 아니었다. 그저 그의 꿈을 꺾는 '꿈 흡혈귀'였을 뿐이었다.

아무리 전공이 같고 직업이 같은 사람끼리 모여 있어도 그룹에는 한두 명쯤 특이한 사람이 있기 마련이다. 이런 사람들과 가까이하면 새로운 영감을 얻거나 예기치 못한 기회를 접할 수 있다. 드롭박스 창업자 드류 하우스턴은 MIT 대학교 졸업 축사에서 "제가 깨달은 것은 자신의 주변을 자신에게 영감을 줄 수 있는 사람들로 채우는 것입니다. 이것이 타고난 재능이나 열심히 일하는 것만큼이나 중요하다는 것이었습니다."라고 말했다.

영상의학과 레지던트 동기 중에 나이가 꽤 많은 형이 있다. 그는 미국에서 MBA를 취득했고 국내는 물론 해외에서도 근무한 경험이 있었다. 그는 의대 출신에게는 없는 독특한 사고방식을 가지고 있었다. 교수들이나 몇몇 동기들은 그를 불편해하고 멀리했지만 나는 그러지 않았다. 그의 사고방식은 내가 더 큰 꿈을 꿀 수 있게 해 주었다. 내 인생의 전환점이 된 이나금 대표의 저서 《나는 쇼핑보다 부동산 투자가 좋다》를 추천해 준 것도 그다.

구글의 에릭 슈미트 회장은 연세대학교 초청 강연에서 다음과
같이 말했다.

"항상 나보다 더 똑똑하고, 더 독특하고, 더 미친 사람들을 친
구로 두라. 여러분 주위에도 굉장히 똑똑하고 무언가에 미쳐 있는
친구가 한 명 쯤은 있을 것이다. 그런 사람과 어울려라. 흥미 있는
일을 할 수 있을 것이며, 그들이 새로운 것을 만드는 사람이다."

삶이 만족스럽지 않다면 변화를 시도해야 한다. 그러기 위해서
는 익숙한 사람들과 결별하고 새로운 사람들을 만나야 한다. 당신
보다 독특하고, 당신에게 영감을 주고, 당신의 꿈을 응원하는 최
고의 꿈맥들과 어울리자.

07

최고의 학습법은 코칭과 멘토링이다

가르친다는 것은 곧 두 번 이상을 배우는 것이다.
― 조셉 쥬베르

레지던트 시절, 병원 업무 시작은 아침 8시부터지만 출근 시간은 7시 30분까지였다. 분과 컨퍼런스에 참석해야 하기 때문이다. 분과 컨퍼런스는 매일 2~3명의 레지던트가 각각 환자 증례를 발표하는 시간이다.

레지던트 1명당 발표 시간은 10분이지만 준비하는 데 짧게는 한 시간에서 길게는 며칠이 걸리기도 한다. 희귀한 증례의 경우 최신 논문까지 찾아서 공부해야 한다. 처음에는 컨퍼런스는 청중을 위한 시간이라 생각했다. 그래서 발표 준비는 대충하고 남들이 발표할 때 열심히 듣는 것이 이득이라고 생각했다. 하지만 몇 번 겪어 보니 그 반대라는 것을 알 수 있었다.

컨퍼런스는 발표자를 위한 시간이었다. 발표를 준비하려면 증례를 이해하고 관련 지식을 공부하고 10분 안에 발표할 수 있도록 핵심을 요약해야 했다. 매번 발표 준비를 마칠 즈음에는 공부한 증례에 대해서는 전문가가 되어 있었다. 반대로 남들의 발표를 들을 때는 아무리 집중해서 들어도 점심 때쯤이면 모두 잊어버리는 경우가 많았다. 컨퍼런스는 발표를 듣는 사람보다 발표하는 사람이 더 많이 배우는 시간이었다.

연구도 마찬가지다. 논문 작성은 지금까지 알고 있는 지식에 새로운 지식을 추가하는 일이다. 그래서 나는 어떤 주제에 대해 논문을 쓰기 위해서는 우선 그 분야의 전문가가 되어야 한다고 생각했다. 하지만 교수님의 생각은 달랐다.

나는 레지던트 1년 차를 끝내기도 전에 논문을 쓰라는 지시를 받았다. 교수님이 정해준 논문 주제는 생소했고, 어떻게 해야 할지 막막했다. 어쩔 수 없이 해당 분야의 논문을 닥치는 대로 읽어 보는 수밖에 없었다. 그러던 중 미국 학회에 발표자로서 참석하게 되었다.

세계적인 석학들이 모이는 자리에서 진행 중인 연구를 발표해야 했다. 발표장에 가보니 그곳에 있는 사람 중 나보다 어린 사람은 없어 보였다. 일개 레지던트가 전문의나 교수들을 대상으로 발표해도 되는지 걱정스러웠다. 하지만 교수님은 "여기 있는 사람

중에 이 주제에 대해 너만큼 많이 알고 있는 사람은 없다."라고 말하며 자신감을 가지라고 당부했다. 실제로 그랬다. 논문을 작성하고 발표를 준비하는 과정에서 이미 난 그 분야의 대가가 되어 있었다.

'효학반(斅學半)'이라는 말은 《서경》에 나오는 말로 '가르치는 것은 배움의 절반이다'라는 뜻이다. 즉, 남에게 무엇인가를 가르치는 과정을 겪으면 해당 지식에 대한 이해가 더욱 깊어지는 것이다.

고등학생 시절, 반 친구들에게 수학 문제 풀이를 설명해 준 적이 많았다. 그 당시에는 시간 낭비라고 생각했지만 돌이켜 보면 수학 문제 몇 개를 더 푸는 것보다 도움이 되었다. 상대의 눈높이에 따라 문제를 다양한 방식으로 풀어야 했기 때문이다. 누군가를 가르쳐야 하는 상황이 되면 자신의 지식에 대해 책임감을 갖게 된다. 혼자 잘못 알고 있는 지식으로 인한 피해는 혼자 감당하면 되지만 자신이 잘못 가르쳐 준 지식은 여러 사람에게 피해를 입힐 수 있기 때문이다.

의대 시험 기간에 시험 범위 내용에 대해서 질문을 받으면 반드시 잘 알아보고 대답했다. 잘못 알려 주었다가 틀리기라도 하면 원망을 들을 수 있기 때문이다. 또한 잘 알고 있는 분야라 생각했던 지식도 가르치다 보면 허점을 발견할 수 있다. 뜻밖의 질문을 받는 경우가 그 예다.

학회에서 발표를 해 보면 논문을 쓸 때는 한 번도 생각해 보지 못한 내용을 질문받는 경우가 있다. 그럴 때마다 식은땀을 흘렸지만 그 덕분에 논문의 허점을 보완할 수 있었다.

후배 레지던트를 가르치면서도 비슷한 경험을 했다. 레지던트 4년 차로 올라가자 막 레지던트가 된 1년 차를 교육하는 일이 많아졌다. 처음에는 가르치는 것이 재미있었지만, 1년 차가 아는 게 많아질수록 부담되기 시작했다. 그동안 단편적으로 알고 있던 지식이 많다는 것을 깨달았기 때문이다. 결국 1년 차를 교육하기 위해 다시 공부해야 했다. 돌이켜 보면 교수들이 귀찮아서 1년 차 교육을 4년 차에게 맡기는 것이 아니었다. 4년 차를 교육하기 위해 1년 차를 가르칠 기회를 주었던 것이다.

아무 것도 모르는 상태에서 남을 가르칠 수는 없다. 처음에는 배우고 공부해야 한다. 하지만 그 분야에서 최고가 되고 싶다면 궁극적으로는 가르치는 입장이 되어야 한다. 책을 만 권 읽는다고 독서법의 전문가가 되지 않는다. 책 읽는 방법에 대해 강의를 할 수 있어야 진정한 독서법 전문가로 발돋움할 수 있다. 타인에게 지식을 전하려고 할 때 비로소 자신이 가진 지식과 노하우가 체계적으로 정리되면서 진정한 학습이 이루어진다.

가르침의 최고봉은 책 쓰기다. 변화경영전문가 고(故) 구본형 소장은 "알기 때문에 쓰는 것이 아니라 쓰기 때문에 참으로 알게

된다. 책을 쓴다는 것은 가장 잘 배우는 과정 중의 하나다."라고
말했다.

책을 쓰기 위해서는 많은 책을 읽으며 공부한 다음 자신의 생
각으로 녹여 내야 한다. 그 생각을 다시 문장으로 담아내는 과정
에서 사고의 비약적인 성장이 이루어진다. 읽은 책의 내용은 쉽게
잊을 수 있지만 집필한 책의 내용은 절대 잊을 수 없다.

〈한책협〉의 김태광 대표 코치도 "성공해서 책을 쓰는 것이 아
니라, 책을 써야 성공한다."라고 말한다. 책 쓰기를 통해 자기 분
야에서 성공하는 데 필요한 역량을 단기간에 끌어올릴 수 있기
때문이다. 퍼스널 브랜딩으로 포장하는 효과만 있는 것이 아니라
실제로 그 브랜드에 걸맞은 역량을 갖추게 된다는 의미다. 책을
펴낸 작가가 된 이후에는 저자 강연, 코칭, 멘토링을 통해 더욱 빠
르게 성장하게 된다. 빨리 학습하기 때문에 단기간에 성공하게 된다.

인터넷을 검색해 보면 다양한 강의를 찾아볼 수 있다. 최근 유
행하는 부동산 경매나 주식 투자부터 책 쓰기나 블로그 마케팅
등 다양한 분야의 강사들이 자신의 노하우를 공개하고 있다. 심
지어 공짜 강연도 있다. 혹자는 이런 강사들의 수명이 길지 않을
것이라고 생각한다. 강의를 할 때마다 평생에 걸쳐 쌓은 노하우가
방출된다. 노하우를 아는 사람들이 늘어나면서 강의 콘텐츠는 경
쟁력을 잃게 된다. 하지만 새로운 콘텐츠를 만드는 데는 시간이

오래 걸린다.

강의를 들은 사람이 똑같은 콘텐츠로 강의를 시작할 수도 있다. 결국 레드오션이 된다는 것이다. 하지만 강사와 청중의 간극은 계속 벌어진다. 강사는 강연을 하면서 청중보다 월등히 빠른 속도로 성장하기 때문이다.

강사는 강의를 할 때마다 최신 정보와 트렌드를 공부하고 강의 내용에 반영하는 과정에서 학습이 이루어진다. 이런 과정이 반복되면 효율적으로 정보를 얻고 선별하는 노하우가 생긴다. 게다가 강사는 모든 노하우를 공개할 수 없다. 청중에게 전달할 수 있는 콘텐츠는 엄선되고 검증된 내용뿐이다. 논란의 여지가 있거나 불확실한 내용을 강의에 담을 수 없는 것이다. 혼란을 초래하고 강의의 질을 떨어뜨릴 수 있기 때문이다.

청중은 주식 투자의 유망주처럼 확실한 내용만 알고 싶어 한다. 따라서 각 분야의 고수가 새롭게 시도하고 검증하고 있는 노하우는 어디에서도 배울 수 없다.

의학도 마찬가지다. 학생 때 배우는 내용이나 연수 강의에서 듣는 내용은 몇 년 전 지식이다. 진정한 의미의 최신 의학 지식은 대가들의 두뇌 속에만 있다. 대가들의 생각이 학회에서 언급되고 논문으로 게재되는 데만 몇 년이 걸린다.

논문 한두 편으로는 정설이 될 수 없다. 관련 논문이 수년 간

지속적으로 나와야 차츰 정설로 굳어지게 되고 마지막에는 교과서에 실린다. 따라서 어제 게재된 논문에 실린 내용조차 '최신 지식'이 아니다. 배우는 입장에서 얻을 수 있는 지식은 옛날 지식뿐이다.

다른 강의도 마찬가지다. 부동산 투자, 주식 투자, 자기계발, 마케팅 등 모든 강연자는 자신의 경험을 바탕으로 지식을 전달한다. 그들이 전달하는 경험과 이론은 진짜지만 진정한 의미의 '최신'은 아니다. 진정한 최신 지식은 콘텐츠를 창조하는 사람들의 머릿속에만 있다. 그들은 지금도 새로운 성공 사례를 만들며 앞서 나가고 있다.

강연을 듣거나 코칭이나 멘토링을 받는 것은 학습의 지름길이다. 하지만 일정 수준에 도달하면 과감하게 배우는 측에서 가르치는 측으로 갈아타야 한다. 학생, 멘티, 수강생, 지망생 신분이 아닌 선생, 멘토, 강사, 코치의 신분이 되어야 하는 것이다. 그 시기는 빠르면 빠를수록 좋다. 배우기만 해서는 청출어람은 일어나지 않는다. 티칭(teaching)이야 말로 최고의 학습법이다.

08

한눈팔지 말고
누구에게나 배워라

나는 실패하지 않았다. 잘되지 않는 1만 가지 방법을 알아냈을 뿐이다.
– 토마스 에디슨

영상의학과 레지던트는 도제식으로 인터벤션 시술을 배운다. 하지만 교수가 시술하면서 친절하게 설명해 주는 경우는 없다. 대신 레지던트는 교수를 보조하면서 명당자리에서 시술을 지켜볼 수 있다. 레지던트는 시술의 순서부터 시술 도구의 조립, 시술 도구를 다루는 방법, 돌발 상황에 대한 대처까지 배운다. 처음 시술할 때는 보조를 못 맞춰도 괜찮다. 하지만 두 번째 시술에서도 보조를 못 맞추면 크게 혼이 난다. 배우는 자세가 부족하다는 이유에서다.

영상의학과 혈관조영실에 외과 펠로우가 파견을 나온 적이 있었다. 영상의학과에서 하는 인터벤션 시술을 배워 오라고 외과에서 보낸 것이다. 영상의학과 교수들이나 레지던트들은 그를 탐탁치 않아 했다. 다른 과의 기술을 배우겠다는 것은 대놓고 밥그릇을 빼앗겠다는 의미였기 때문이었다. 그래서 교수들은 그에게 필요한 말만 할 뿐 아무 일도 시키지 않았다. 하지만 그 외과 펠로우는 혈관조영실에 파견 나온 짧은 기간 동안 많은 것을 배워 갔다.

그가 주로 하는 일은 보는 것이었다. 교수가 시술할 때 조용히 따라 들어가 뒤에서 시술하는 모습을 지켜보았다. 어떤 도구를 어느 때 사용하는지, 주입하는 조영제의 용량과 속도는 얼마인지, 손과 팔의 위치는 어떤지를 주의 깊게 관찰했다. 틈만 나면 방사선사나 간호사에게 조용히 질문해서 궁금한 점을 해결했다. 그는 내가 혼자 시술하는 방에 들어와 보조를 서기도 했다. 레지던트 1년 차의 시술에서도 배울 것이 있다고 생각한 것이다.

의술을 배우는 과정은 제자가 스승의 가르침을 받는 것이 아니라 제자가 스승의 기술과 지식을 훔치는 것에 가깝다. 내과 레지던트 1년 차는 근무 첫날 전임자의 오더와 의무 기록을 분석하는 일부터 시작한다. 처음에는 선배의 처방을 베끼다시피 하지만 나중에 가면 처방을 이해하고 응용할 수 있게 된다. 특히 미용 분야에 종사하는 의사들은 기술 보안에 많은 신경을 쓴다.

본과 4학년 때, 강남에 위치한 피부과 의원에 실습을 나갔다가 얼굴 흉터 치료를 받은 적이 있다. 학교에서 배우지 않은 생소한 시술이었다. 원장님께 설명을 부탁드렸지만 시술의 이름조차

들을 수 없었다. 이름만 알아도 나를 비롯한 누군가가 훔쳐 배울 수 있다고 생각했던 것이다.

가르침과 배움은 별개다. 교실 붕괴의 현장처럼 배움은 없이 가르침만 있을 수 있고 앞에서 소개한 대로 가르침은 없지만 배움이 있는 경우도 있다. 누가 가르칠 때만 배울 수 있다고 생각하면 배움의 기회는 매우 적어진다. 하지만 누가 가르치지 않아도 배울 수 있다고 생각하면 배움의 기회는 항상 있다. 멘토나 코치가 아닌 사람에게도 배울 수 있다.

공자는 《논어》에서 "세 사람이 길을 가면 반드시 내 스승이 있게 마련이다. 착한 사람한테서는 그 선함을 배우고, 악한 사람한테서는 그의 잘못을 보고 자신을 반성할 수 있다."라고 말했다. 배우고자 한다면 세상 모든 사람으로부터 교훈을 얻을 수 있다는 의미다.

영상의학과 교수님 중에 나와 잘 안 맞는 교수님이 한 분 있었다. 그는 일 못하는 레지던트에게 모욕적인 발언도 서슴지 않고 화나면 소리를 지르고 레지던트의 정강이를 차곤 했다. 4년 동안 레지던트 생활을 하면서 가장 힘든 순간이 그 교수와 단 둘이 인터벤션 시술을 할 때였다. 하지만 성격만 제외하면 그는 의사로서 완벽했다.

인터벤션 시술도 잘했고 논문도 열심히 썼으며 선배 교수들로부터 평판도 좋았다. 그러나 무엇보다 대단한 점은 그의 "하면 되지."라는 입버릇이었다.

그는 퇴근 직전에 환자가 오거나 한밤중에 응급 환자가 생겨도 한숨 한번 내쉬지 않고 최선을 다해 시술했다. 다음 날로 미뤄도 되는 경우에도 언제나 "하면 되지."라고 말하며 환자를 받았다. 당직을 설 때, 그 교수님을 새벽에 호출한 적이 여러 번 있었지만 한 번도 짜증 섞인 대답을 들어 보지 못했다. 대답은 언제나 "오케이!", "하면 되지!"였다.

나는 내가 가장 싫어하는 교수님으로부터 가장 큰 교훈을 얻었다. 그의 말버릇은 나의 말버릇이 되었다. 어려운 일이 있거나 버거운 도전이 눈앞에 있을 때마다 "하면 되지."라고 말하면 힘이 났다. 내가 만약 그 교수님을 흉보기만 했다면 그의 장점을 배우지 못했을 것이다. 그리고 그의 좋지 않은 언행을 당해 보지 않았으면 나도 아랫사람에게 함부로 대했을지도 모른다. 좋은 사람을 만나면 감동만 할 것이 아니라 좋은 점을 닮으려고 애써야 한다. 싫은 사람을 만나면 흉보기만 할 것이 아니라 나름의 장점을 찾아서 배우고 단점을 돌아봐야 한다.

가끔 만나는 친구에게서도 무언가를 배울 수 있다. 예를 들어, 내가 모르는 동네에 살고 있다면 사는 집과 주변 이야기를 물어본다. 부동산 가치는 그곳에 살고 있는 사람이 잘 알고 있는 경우가 많기 때문이다. 특히 결혼을 앞두고 있거나 신혼인 친구를 만나면 어디에 신혼집을 구했는지 꼭 물어본다. 왜 그곳으로 정했는지, 집을 구하는 데 어려움은 없었는지, 막상 살아 보니 어떤 점이 좋고 나쁜지를 물어본다. 그러면 직접 임장을 다녀온 것만큼이나 많은 정보를 얻을 수 있다.

최근에도 세종시에 살고 있는 친구로부터 아파트 청약 정보를 들었다. 비록 청약은 떨어졌지만 관심 있게 지켜볼 부동산 목록을 늘리는 데 큰 도움이 되었다. 또 한번은 울산에서 최근 몇 년 동안 살았던 친구를 통해 울산 상권의 분위기를 들을 수도 있었다. 이런 경험들을 통해 다양한 지역에 지인이 살고 있으면 그것만으로 큰 재산이 된다는 것을 깨달았다.

지금 몸담고 있는 직장도 알고 보면 배움의 장이다. 최근 지인들과 임장 보고서를 작성하면서 내가 제법 파워포인트나 엑셀을 잘 다루는 편이라는 것을 깨달았다. 레지던트 시절 증례 발표나 학회 발표 때마다 파워포인트를 사용했기 때문이다.

그 시절 나는 항상 똑같은 방법으로 파워포인트를 만드는 것이 싫증이 나 있어서 다양한 효과를 시도했다. 그러면서 자연스럽게 파워포인트의 다양한 기능을 익혔다. 엑셀을 사용하는 법은 연구 데이터를 다루면서 자연스럽게 익혔다. 최근에는 엑셀을 활용해 토지 입찰을 진행하거나 입찰가를 분석하기도 했다. 논문을 쓰면서 익혔던 워드 사용법은 이제 책을 쓰는 데 활용하고 있다.

컴퓨터 프로그램 말고도 배울 것은 많다. 칭찬받는 동료의 기획서뿐만 아니라 엉망인 동료의 기획서로도 배울 점은 있다. 기획서 작성에 대해서 책을 쓸 생각이라면 둘 다 좋은 사례가 된다. 상사와 잘 지내는 사람이 있다면, 그와 상사의 대화를 귀담아들으면서 소통 기술을 배울 수 있다.

매번 나보다 좋은 아이디어를 내는 동료가 있으면 평소에 어떻게 아이디어를 구상하는지 물어볼 수도 있다. 영어를 잘하는 후배에게 좋은 영어 강좌를 추천받을 수 있고, 심지어 잘 꾸미고 다니는 동료로부터 메이크업 기술이나 패션을 배울 수 있다. 또한 주식 투자로 재미를 보고 있는 후배에게 투자 노하우를 배울 수도 있다.

어차피 직장에 가야 한다면 수업료라도 벌겠다는 마음가짐으로 주변을 둘러보자. 평소에 무심결에 지나쳤던 동료를 어떤 분야의 스승이라고 생각해 보자. 하기 싫은 업무를 유용한 기술을 연마할 수 있는 실습 기회로 생각해 보자. 부담스러운 프레젠테이션 시간도 강연 연습을 해 볼 수 있는 기회로 여기자. 쓰라린 실패조차 메모해 두자. 나중에 강의하거나 책을 쓸 때 좋은 사례로 활용할 수 있다.

대만은 중소기업 천국이라고 한다. 여러 가지 이유가 있지만,

그중 하나는 직원이 자꾸 독립하기 때문이라고 한다. 직원이 시키는 일만 하는 것이 아니라, 사장의 사업 노하우를 철저히 배운 다음 직장을 그만두고 자신의 사업을 시작하는 것이다.

직원의 수가 늘지 않으니 대기업이 생기지 않고 중소기업의 숫자만 늘어난다. 사장은 숙련된 직원이 경쟁자가 되는 것을 원치 않을 것이다. 따라서 직원에게 사업하는 법을 가르치는 사장은 없다. 하지만 직원이 배우는 것을 막을 수는 없는 법이다.

잠자는 시간 빼고는 모두 배움의 장이 될 수 있다. 알고 보면 주변에는 자신의 노하우나 기술을 배울까 봐 노심초사하는 사람이 많다. 블로그 포스팅 하나를 볼 때도 디자인이나 글의 구성을 보고, 인터넷 카페나 커뮤니티를 둘러볼 때도 메뉴의 구성이나 운영 노하우를 생각해 보자. 오프라인부터 온라인까지, 언제나 어디서나 누구에게서나 배우는 것이다.

평범함은 갈망의 대상이 아니라 회피의 대상이다

어떻게 하면
특별한 삶을 살 수 있을까?

01

예전에 일본 여행을 갔을 때 나는 도쿄 신주쿠에 위치한 호텔에 묵었다. 신주쿠는 우리나라의 강남처럼 계획에 의해 발전한 부도심으로 비즈니스의 중심지다. 평일 아침에 호텔을 나서면 똑같은 정장 차림을 한 사람들이 질서 정연하게 출근하는 모습을 볼 수 있다. 그런데 처음에는 신기했지만, 이튿날에도 같은 광경을 보게 되자 그들의 모습이 나의 미래인 것 같아서 마음이 불편해졌다.

우리나라의 평일 아침도 이와 다르지 않다. 새벽에는 출근 버스가 분주하게 돌아다니며 잠이 덜 깬 직원들을 싣고 간다. 해가 뜨면 도로에는 출근하는 차들로 가득 차고 지하철은 출근하거나 등교하는 사람들로 아비규환이 된다. 그들이 향하는 목적지도 비숫하다. 열차는 강남역이나 역삼역에 정차할 때마다 엄청난 수의 사람들을 쏟아 낸다. 열차에서 나온 사람들은 무언가에 홀린 듯 이 역을 빠져나와 거대한 빌딩 안으로 빨려 들어간다.

개성을 뽐내는 시대에 살고 있다지만 실제로 각자가 개성을 뽐내는 시간은 얼마 안 된다. 대개 사람들은 일주일 중 5일 이상을 튀지 않는 옷을 입은 채 남들과 비슷한 시간을 보내고 있다. 남들과 다르게 시간을 보내겠다고 결심한 주말조차도 알고 보면 남들과 크게 다르지 않다. 늦잠을 자고 빈둥거리다 보면 주말은 순식간에 지나간다.

어릴 때는 누구나 야심찬 꿈을 하나씩 가지고 있었다. 친구들끼리 장래 희망을 이야기하다가 겹치면 서로 하겠다고 싸우기도 했다. 그렇다면 우리는 언제부터 남들과 똑같이 살게 되었을까? 사람마다 시기는 다르겠지만 분명 '평범하게 살고 싶다'라고 소망한 적이 있었을 것이다. 특별한 삶에 도전하다가 실패했거나 단순히 흥미를 잃었을 수도 있다. 원인이 무엇이든 우리는 '더 나은 삶'보다 '더 못하지 않은 삶'을 선택한 것이다.

나는 예전에 '더 못하지 않은 삶'을 선택하는 것이 철이 든 것이라고 생각했다. 대다수가 고르는 선택지에는 그만한 이유가 있다고 믿었기 때문이다. 그래서 의과대학을 졸업하고 인턴을 하지 않은 선후배나 동기 소식을 들으면 철없는 선택이라고 생각했다.

의사를 꿈꾼 적도 없으면서 평범한 인턴이 된 내가 꿈을 향해 용기 있는 결단을 내린 그들을 비웃었던 것이다. 정말로 철들지 않았던 사람은 더 나은 삶을 고민하지 않았던 나였다.

남들과 똑같이 살아가고자 할 때의 명분은 ‘안전’이다. 위험한 선택지에 많은 사람들이 몰릴 리가 없다고 보는 것이다. 우리나라 사람은 특히 ‘대세’나 ‘추천’을 좋아한다. 외식을 할 때도 맛집을 검색해서 추천 메뉴를 시켜서 먹는다. 자유도가 높은 게임을 할 때도 우리나라 사람은 ‘국민’이라는 수식어가 붙은 방식을 따라 하기 급급하다. 신혼 여행지도 유행 따라서 남들이 많이 다녀온 곳으로 가는 경우가 많다.

인생도 마찬가지다. 남들이 다 갖추는 스펙을 쌓고 사람이 구름처럼 몰리는 직장에 지원서를 낸다. 평범한 것이 안전하다고 믿기 때문이다. 입사 면접 때도 평범한 직장인이 되서 이 한 몸 바치겠다고 씩씩하게 소리친다. 결국 꿈에 그리던 평범한 직장인이 되지만 자신의 선택이 최선이거나 최고가 아니었다는 것을 깨닫는데는 그리 오랜 시간이 걸리지 않는다.

맛집을 찾을 때 대세를 따르면 최소한 중간은 간다. 하지만 인생에서는 중간도 못 가는 경우가 부지기수다. 이런 차이가 발생하는 이유는 선택을 검증하는 데 시간이 걸리기 때문이다.

음식 맛은 먹으면 바로 알 수 있다. 음식 맛이 변하기라도 하면 소문이 나는 건 순식간이다. 그래서 음식이 맛없으면 마케팅을 해도 맛집이 되기 어렵다. 하지만 인생은 길다. 스펙을 쌓고 대기업에 취직해서 정년까지 일하는 인생이 검증되는 데는 한 세대가 걸린다. 바로 부모 세대다. 그 시절에는 스펙이 높은 사람이 드물었다. 박사 학위가 있거나 유학을 다녀온 사람은 극소수였다. 당시 우리나라는 개발도상국이었기 때문에 기존의 지식을 빨리 흡수한 사람이 필요했다. 이들은 크게 성공했고 현재의 중산층 내지는 부유층이 되었다. 그러나 성공 공식이 검증되는 사이에 세상이 변했다. 사회가 요구하는 인재상이 달라졌고 높은 스펙을 갖춘 사람이 흔해졌다.

남들과 똑같이 살아가는 것은 전혀 안전하지 않다. 삶의 방향을 맛집 고르듯이 대세를 따라 결정하면 안 된다. 맛집을 운영하는 사장처럼 평범함을 넘어서야 한다. 남들과 다른 삶에 대한 고민은 곧 생존에 대한 고민이다. 이런 고민을 안 하면 퇴직 후에 남들 다 하는 치킨집이나 빵집을 열었다가 퇴직금을 다 날리고 말 것이다.

당신은 어떤 삶을 살고 싶은가? 남들과 다른 삶을 꿈꾸면서 남들과 똑같은 일상을 보내고 있지는 않은가? 남들과 같은 일상을 보내면 남들과 똑같은 삶을 살아가게 될 뿐이다. 오늘이 어제와 같다면 내일도 오늘과 같을 수밖에 없다. 평범함에 안주하지 말고 평범함에 위기를 느껴야 한다.

최초로 성장주라는 개념을 만든 투자의 거장 필립 피셔는 기업의 경영진을 만나면 "경쟁 업체에서는 하고 있지 않지만 당신 회사에서만 하고 있는 것이 무엇입니까?"라고 물었다고 한다. 기업이 장기적으로 얼마나 성장할 것인지를 가늠해 보기 위한 질문이다. 이를 개인에 적용하면 "다른 사람은 하고 있지 않지만 당신만 하고 있는 것이 무엇입니까?"라는 말이 된다. 이 질문에 자신 있게 대답할 수 있는 사람은 매우 드물 것이다. 하지만 질문의 시작을 '대부분의 다른 사람' 혹은 '주변 사람'으로 바꿨을 때는 대답할 수 있어야 한다.

이 질문에 대한 나의 대답은 부동산 투자, 책 쓰기, SNS 마케팅 공부, 독서, 경제 신문 구독 등이다. 물론 지금 나열한 것도 알고 보면 하는 사람이 많다. 〈직부연〉에서 함께 부동산 수업을 들은 사람만 해도 나를 제외하고 16명이다. 선후배 기수 회원들까지 합하면 100명이 넘는다. 하지만 내 친구나 가족 중 부동산 투자를 하고 있는 사람은 한 명도 없다.

책 쓰기도 마찬가지다. 한 해에 8만 권의 책이 쏟아진다고 하지만 친구나 가족은 물론 직장 동료 중에도 개인 저서를 집필한 사람은 없다. 하물며 책을 읽는 사람도 보지 못했다.

아무도 안 하는 무언가를 찾으라는 것이 아니다. 그런 것은 거의 없다. 만약 있다고 해도 실패할 가능성이 더 높다. 모든 사람이 스티브 잡스나 마크 저커버그처럼 누구도 상상하지 못했던 것으로 성공할 수 있는 것은 아니다. 대세에 이유가 있듯이 아무도 가지 않는 길에도 이유가 있다. 대신 선택할 수 있는 방법은 과거의 대세와 미래의 대세에 동시에 올라타는 것이다.

과거의 대세를 따라서 월급과 같은 최소한의 안전망을 갖춘 다음 미래의 대세가 될 것을 찾아서 도전해야 한다. 잘 모르겠다면 시대의 흐름을 짚어 주는 책을 찾아도 좋고 자신이 도전하고 있는 것들을 시도해도 좋다.

남들과 비슷하게 사는 것만 해도 바쁠 것이다. 하지만 발전하지 않고 그 자리에 머문 채 바쁘기만 하다면 아무것도 달라지지 않는다. 1년 뒤에도 10년 뒤에도 남들처럼 바쁘고 힘들 것이다. 아무리 바빠도 하루 중 한 시간이라도, 일주일 중 하루라도 남들과 다르게 사는 시간을 만들자.

본업에 지장을 주지 않는 출퇴근 전후 시간이나 점심시간 그리고 주말이나 휴일부터 남들과 다르게 보내는 것이다. 남들과 다르게 사는 것은 남들보다 안전하게 사는 것으로 이어진다.

가장 나다운
모습으로 살아가기

자기 신뢰가 성공의 제1의 비결이다.
– 에머슨

코끼리의 체중은 7톤으로 지구 최대의 육상 동물 중 하나다. 하지만 이런 동물을 길들이는 방법은 의외로 간단하다. 새끼 코끼리의 뒷다리를 사슬로 말뚝에 묶어 두기만 하면 된다. 새끼 때는 힘이 약해서 사슬에서 벗어날 수가 없다. 몇 번의 실패 끝에 사슬을 자신의 한계로 받아들인 코끼리는 어른이 되어서도 사슬을 벗어나지 못한다. 이것을 '코끼리 사슬 증후군'이라고 한다. 병에 갇혀 있던 벼룩이 병 밖으로 나와도 병 높이 이상은 점프하지 못하게 되는 것도 같은 맥락이다.

어쩌면 사람도 마찬가지일 것이다. 대부분의 사람들은 어릴 때부터 보이지 않는 사슬에 묶인 채 살아왔다. 부모는 아이가 특별하고 똑똑하고 뭐든지 잘할 수 있을 것이라고 말하면서도 아이가 조금이라도 '평범함'을 벗어나려고 하면 못하게 막는다. 남들과 같이 학교와 학원은 다녀야 하고 배우는 악기는 피아노이며 운동은 태권도로 정해져 있다. 나 역시 하기 싫은 피아노와 태권도를 해야만 했다.

어른이 되어서도 마찬가지다. 자녀가 '사'자 달린 전문직이나 대기업 사원이나 공무원이 되지 못하면 인생을 잘 해쳐 가지 못할 것이라고 생각한다. 이쯤 되면 부모뿐만 아니라 친구와 선후배까지 비슷한 생각을 한다. 사슬을 끊으려던 용감한 코끼리는 시도도 해 보기 전에 또라이 취급을 받고 마음을 접는다.

내가 즐겨 보던 〈마스터셰프 코리아3〉에 새로운 심사 위원으로 김훈이 셰프가 출연했다. 그는 2010년 뉴욕에 개업한 모던 한식 레스토랑 '단지'의 오너 셰프로, 한식 레스토랑 최초로 미슐랭 가이드 원 스타를 획득했다. 특히 그가 만든 주막 '한잔'은 2013년 '뉴욕타임즈'가 선정한 '올해의 10대 레스토랑'에 뽑히기도 했다.

그의 이력은 특이하다. 그는 원래 UC버클리 생물학과를 졸업하고 코네티컷 의학전문대학원에 진학해 의사가 되려고 했던 사람이다. 하지만 그는 대학원을 1년 휴학하고 자신이 하고 싶은 일을 찾아 요리 학교에 등록했다. 9개월 속성 과정을 마치고 남은 3개월 동안 뉴욕 맨해튼의 최고급 레스토랑 '다니엘'에서 일하다가

정식으로 채용되면서 대학원을 그만두게 되었다.

그는 〈마스터셰프 코리아4〉 첫 회에서 당시를 회상하며 "제가 의사를 안 하고 요리를 한다고 했을 때 주변에서 다 미쳤다고 했다. 단 한 명도 잘했다고 한 사람이 없었다."라고 말했다. 만약 그가 내 동기였다면 나라도 같은 말을 했을 것이다. 의사 일을 하면서 취미로 요리를 하라고 진심으로 충고했을 것이다. "하고 싶은 일만 하면서 살 수 없다."라고 말하며 철이 들라고 말했을지도 모른다. 의사를 포기한다는 것은 의대에 들어오기 위해 노력한 과거와 의사가 되면 보장되는 미래를 모두 버린다는 것을 의미하기 때문이다.

의대생들 사이에서는 공중보건의 복무 3년을 먼저 마치고 인턴을 하겠다고 해도 특이하다는 말을 듣는다. 졸업하고 바로 인턴을 하는 것이 대세이기 때문이다. 하물며 기초의학을 전공하겠다고 선언했다가는 만류하는 친구들 틈에 있어야 한다.

김훈이 셰프는 한 인터뷰에서 자신이 용기가 없었기 때문에 요리사가 될 수 있었다고 고백했다. 그는 하기 싫은 일을 억지로 하는 것에 대한 두려움이 컸기 때문에 의사가 아닌 다른 길을 찾기 시작했다고 말했다. 그렇게 해서 찾은 것이 요리였던 것이다. 하지만 내 생각은 다르다. 자신이 하고 싶은 일만 하고 살겠다고 결정한 그는 매우 용기 있는 사람이다.

의대생 중에도 병원 일을 싫어하는 사람은 많다. 하지만 의대를 그만두는 사람은 없다. 병원 일이 싫은 사람은 영상의학과를 선택한 나처럼 환자를 직접 보지 않는 전공과목을 선택하면 된다. 병원에 있는 것도 싫으면 기초의학을 전공하거나 제약 회사에 취직할 수도 있다. 사업을 하더라도 의사 자격증은 일단 따고 본다. 하기 싫은 일을 억지로 하는 두려움보다 남들과 다른 길을 걷는 것이 더 두렵기 때문이다. 설령 그 길이 자신이 진정으로 가고 싶은 길이라고 해도 말이다.

대부분의 사람들은 결국 하고 싶은 일이 아니라 그나마 덜 하기 싫은 일을 하며 살아간다. 그러나 덜 하기 싫은 것도 하기 싫은 일이다. 주말을 손꼽아 기다리고 일요일 밤마다 우울해지는 것이 그 증거다. 우리는 어째서 금요일이 되면 아쉽고 주말에는 월요일 아침을 손꼽아 기다리는 삶을 살지 못하는 것일까?

원하는 일을 하면서 살지 못하는 이유는 단순히 용기가 부족해서가 아니다. 꿈을 향한 도전은 '깡'만 가지고 뛰어내리면 되는 번지점프가 아니다. 충분한 훈련을 받고 주 낙하산과 예비 낙하산을 모두 챙기고 꼼꼼하게 점검한 다음 뛰어내려야 하는 스카이다이빙이다. 어느 날 진정으로 원하는 꿈을 찾았다고 해서 준비도 없이 직장을 박차고 나오면 안 된다. 우리는 하기 싫은 일을 하기 위한 훈련만 받았을 뿐 하고 싶은 일을 하면서 살아남기 위한 훈련을 받지 못했기 때문이다.

정말로 하고 싶은 일을 찾았다면 그것을 통해 수익을 창출하는 방법을 연구해야 한다. 글 쓰는 것이 좋다면 책을 써서 수익을 창출하는 법을 알아봐야 하고, 수제 맥주를 만들고 싶다면 맥주 만드는 방법부터 창업비용까지 공부해야 한다.

하고 싶은 일로 지금의 수입보다 더 많이 벌 수 없다면 현재 직장을 유지하면서 준비해야 한다. 정말 전업으로 하고 싶은 일인지 확신이 들지 않을 때도 마찬가지다. 중요한 것은 미래에 하고 싶은 일만 하면서 살기 위해 꾸준히 투자해야 한다는 것이다. 시간이라면 일주일 중 하루를, 돈이라면 수입의 5%나 10%를 써서라도 필요한 책을 읽고 사람을 만나 조언을 구하고 강의를 들어야 한다.

성공한 사람 중에는 불행한 사람이 적다. 왜냐하면 불행한 사람은 성공하기 힘들기 때문이다. 좋아하는 분야에서 성공하는 것도 쉬운 일은 아니다. 하물며 싫은 분야에서 성공하려면 엄청난 노력이 따를 수밖에 없다.

알베르트 슈바이처는 "성공은 행복의 열쇠가 아니다. 행복이 성공의 열쇠다. 자신의 일을 좋아한다면 당신은 성공할 것이다."라고 말했다. 성공해서 큰 부를 이룬 사람들은 모두 좋아하는 일에 몰두했다. 그러나 실제로는 밥 먹는 시간이나 자는 시간도 아껴서까지 하고 싶은 일이 없는 사람이 대부분이다. 어릴 적부터 하고 싶은 것을 선택하는 연습을 안 했기 때문이다. 자신이 선택한 전공, 직업, 직장을 따져 보면 자신의 의지로 선택한 것 아니라 '어쩔 수 없는' 선택인 경우가 대부분일 것이다.

하고 싶은 것은 없고 하기 싫은 것만 잔뜩 있는 상태는 평범하지만 정상은 아니다. 나답지 않게 살고 있다고 생각한다면 가장 나다운 모습이 무엇일지 고민해야 한다. 지금도 우리는 말뚝에 묶여 있지만 우리는 더 이상 새끼 코끼리가 아니다.

눈에 보이는 한계는 실체가 아니다. 한계는 오로지 우리 머릿속에만 있다. 일단 거추장스러운 가상의 말뚝부터 뽑아 버리자. 자유로워진 두 발로 이전까지 가 보지 못했던 세계로 첫발을 내딛어 보자. 안되라는 법은 어디에도 없다.

당장 작은 일부터
시작하라

성공은 매일 반복한 작은 노력들의 합이다.
– 로버트 콜리

새해가 되면 항상 거창한 목표를 세운다. 금연, 다이어트, 영어 정복 등이다. 12월 31일은 까마득하게 멀어 보이고 지금 막 세운 목표는 여름이 끝나기도 전에 다 이룰 수 있을 것만 같다.

피트니스센터 회원권 1년 치를 끊고 영어 학원에 등록하고 인생의 마지막 담배를 태운다. 그러나 1월이 지나가기도 전에 피트니스센터에 가던 발길은 끊어지고 영어 학원은 마지못해 출석하고 금연은 2월부터 시작하기로 계획을 수정한다.

많은 사람들이 계획을 세우는 데는 열심이지만 실행하는 데는 쉽게 실패한다. 그 이유는 무엇일까? 의지, 간절함, 절박함이 부족한 것은 맞다. 하지만 또 하나의 이유는 자신이 세운 계획의 난이도를 과소평가하기 때문이다. 계획을 세우는 것은 쉽다. 단기간에 영어를 정복할 계획이나 한 달 만에 모델 뺨치는 몸매를 만드는 방법은 인터넷만 검색해도 찾을 수 있다. 하지만 성공한 사람이 드물다는 것을 눈여겨보는 사람은 많지 않다. 주변을 둘러보면 다이어트에 성공한 사람은 매우 드물다. 모델 수준의 몸매를 만드는 데 성공한 사람은 더욱 드물다. 단기간에 영어를 정복하는 사람은 극소수에 불과하다.

계획이 실패하는 이유는 실행하기 어렵기 때문이다. 어려운 과제를 못하는 것은 당연한 일이다. 아무리 의지가 강해도 어려운 도전을 지속하면 괴롭다. 행복해지기 위해 세운 계획이 지나치게 고통스러우면 포기하게 된다. 다이어트를 하겠다고 매일 닭 가슴 살과 고구마를 먹으며 높은 강도의 근력 운동을 해 보라. 이런 계획은 프로 선수라도 대회를 목전에 두지 않고서는 실천하기 어렵다.

그렇다면 어떻게 하면 어려운 계획을 실행에 옮길 수 있을까? 가파른 절벽도 계단이 있으면 오를 수 있다. 마찬가지로 어려운 계획도 쉬운 수준에서 시작해 난이도를 올려야 한다. 천릿길 길도 한 걸음부터다.

나는 대학생 때 다이어트를 하기 위해서 집 앞에 있는 학교 운동장을 뛰었다. 처음부터 하루에 열 바퀴를 뛰기로 마음먹었다. 하지만 첫날 열 바퀴를 뛰었다가 너무 힘들어서 며칠 동안 운동을 쉬어야 했다. 그래서 계획을 수정해 한 바퀴만 뛰고 아홉 바퀴를 걸었다. 그러다가 익숙해지면 두 바퀴를 뛰고 여덟 바퀴를 걸었다. 나중에는 열 바퀴를 뛰고도 체력이 남아서 열두 바퀴까지도 쉬지 않고 뛸 수 있었다.

신문 읽기도 마찬가지다. 처음부터 신문에 실린 모든 기사를 읽으려고 하면 금방 지친다. 단순히 의지의 문제가 아니다. 갑작스러운 변화에는 저항이 따른다. 익숙해질 때까지는 제목만 훑어보는 것이 좋다. 제목 훑어보기가 익숙해지고 읽고 싶은 기사가 보이기 시작하면 그때부터 읽는 양을 늘려 가면 된다.

목표를 달성하기 위해서는 꾸준한 노력이 필요하다. 그런데 꾸준한 노력은 의지로 유지하는 것이 아니다. 계속 의식적으로 노력하면 누구라도 지친다. 노력을 노력이라고 인식하지 못하는 상태로 만들어야 한다. 그것이 바로 습관이다. 목표 달성의 성패는 습관 만들기에 달려 있다고 해도 과언이 아니다.

다이어트 성공도 운동 습관과 식이 조절 습관을 들이는 데 성공하느냐 마느냐에 달려 있다. 영어 정복도 영어 공부 습관이 만들어진 다음에야 가능하다. 성적이 좋은 학생은 좋은 공부 습관을 가진 학생이다.

나는 공부를 좋아하는 학생이 아니었다. 수학 문제를 풀면서 행복을 느껴 본 적은 단 한 번도 없다. 하지만 공부가 괴롭지도 않았다. 고등학교 3학년 때, 담임선생님이 일주일 계획표를 짜오라고 숙제를 냈다. 나는 토요일에 30분만 애니메이션을 시청하고 나머지 시간에는 공부를 하겠다고 적어 냈다. 그리고 정말로 수능 시험 전날까지 실천했다. 독하다는 말은 많이 들었지만 정작 나는 힘들지 않았다. 오래전부터 공부하는 습관을 키워 왔기 때문이다.

무엇이든 습관이 되면 괴로움을 느끼지 않고 할 수 있다. 괴롭지 않기 때문에 꾸준히 지속할 수 있고 결국에는 무엇이든 이룰 수 있게 된다. 러시아의 대문호 도스토예프스키는 "습관이란 인간으로 하여금 그 어떤 일도 할 수 있게 만들어 준다."라고 말했다. 로마의 철학자이자 시인인 오비디우스는 "습관보다 더 강력한 것은 없다."라고 단언했다.

사람은 습관의 집합체다. 일어나는 시간, 세수할 때의 손동작, 핸드폰을 켰을 때 처음 실행시키는 애플리케이션, 매일 읽는 신문 기사, 직장에서의 업무, 휴식 시간에 접속하는 홈페이지, 퇴근하면 켜는 TV 채널 등 행동의 대부분이 습관에 따라 이루어진다. 개인용 컴퓨터에 저장된 즐겨찾기 목록이 언제 만들어졌는지 기억하는가?

진짜 변화는 천천히 이루어진다. 천천히 이루어진 변화만이 굳어져 습관이란 형태로 남을 수 있다. 마음을 급하게 먹고 처음부터 과도한 변화를 시도했다가는 변덕으로 끝나고 만다. 많은 사람들은 동시에 여러 가지 목표를 추구한다.

나는 공중보건의 2년 차가 시작됐을 때 다음과 같은 목표를 세웠다. 2년 동안 영상의학과 한글 교과서 두 번 읽기, 영문 원서에 증례 사진과 설명 공부하기, 학회에 올라온 증례 모두 검토하기, 스카이프 영어회화 50분, 텝스 문제집 독해와 듣기 하루에 한 챕터씩 풀기. 이렇게 한 다음 교과서와 원서의 쪽수, 학회 홈페이지에 올라온 증례 수를 2년으로 나눴다. 이렇게 하면 하루에 해야 할 양이 나온다. 여기서 주말이나 휴가 등 변수에 대비해 하루에 해야 할 양을 좀 더 높게 잡았다. 처음 며칠은 의욕적으로 했다. 하지만 나도 모르는 사이에 한두 가지씩 빼먹기 시작했고 결국에는 언제 그만두었는지도 모르게 모든 계획을 포기하고 말았다.

차라리 추구하는 목표 중 가장 급하거나 쉬운 것 하나를 고른 다음 아무리 바빠도 완수할 수 있는 양부터 시작했으면 어땠을까. 1,000쪽을 100일 동안 읽는다고 하면 하루에 10쪽씩 읽을 것이 아니라 처음에는 한 쪽씩 일주일 동안 읽는 것이다. 시간이 남을 때는 두 쪽을 읽어도 좋다. 그러다가 자연스럽게 두 쪽씩 읽다가 세 쪽씩 읽어 나간다. 이렇게 하면 100일보다 더 많은 시간이 걸릴 것이다. 하지만 중간에 포기하지 않을 가능성은 더 높다. 자신에게 맞는 속도를 찾을 수 있고 그것이 습관으로 굳어질 수 있기 때문이다.

이대로는 안 되겠다는 마음이 들고 무엇이라도 해야겠다는 조바심이 들 때가 있다. 이미 많이 뒤처진 것 같으니 남들보다 더 많은 것을 해내야겠다는 생각이 드는 것이다. 이런 생각에 많은 계획을 세우고 급작스러운 변화를 시도하는 것은 대개 실패로 끝난다. 변화의 스트레스를 견디게 해 주던 조바심은 의외로 금방 해소되기 때문이다.

늦은 것은 늦은 것이다. 100미터 달리기에서는 출발이 늦으면 따라잡기 힘들다. 따라잡기 위해서는 결승점에서 쓰러질 각오로 온 힘을 다해야 한다. 하지만 인생은 결승점 없는 마라톤에 가깝다. 100미터 지점에서 쓰러지면 안 된다. 빨리 따라잡기보다는 천천히 따라잡은 다음 꾸준히 앞질러 가야 한다. 그러기에 위해서는 천천히 속도를 올려야 한다. 자신을 과소평가하자는 것이 아니라 저항을 과소평가하지 말자는 것이다.

무언가를 하기로 마음먹었고 그것이 충분히 쉬운 것이라면 당장 시작하자. 아무것도 하지 않으면 아무 일도 일어나지 않는다. 초반 속도가 느린 만큼 미루는 것은 금물이다. 만약 오늘 당장 시작할 수 없는 난이도라면 더 쉽게 만들어라.

책을 구입했는데 아직 배송이 되지 않았다면 인터넷 서점에 가서 서문과 공개된 부분이라도 읽어 보자. 다이어트를 시작했으면 오늘 저녁식사 때 밥공기에서 한 숟가락 덜어 내 보는 것이다. 또한 책을 쓰고 싶다면 한 줄이라도 적고, 부동산을 공부하고 싶다면 지금 사는 집의 시세를 인터넷에서 확인해 보자. 당장 작은 일부터 시작하는 것이 당장 큰일을 시작하는 것보다 더 큰 변화를 가져올 것이다.

벼랑 끝에 자신을 세워라

불가능과 가능의 차이점은 그 사람의 투지에 달려 있다.
– 토미 라소다

아침에 눈을 뜨자마자 핸드폰을 들여다본다. 게임에서 온 알람들을 체크하고 필요한 명령을 내린다. 출근하는 차 안에서도 핸드폰으로 게임을 한다. 신호등에 걸렸을 때 간단한 명령만 내리면 충분하다. 보건지소 진료실에 도착하면 핸드폰을 충전기에 연결하고 게임을 실행한 채로 근무를 시작한다. 환자가 오면 핸드폰 화면이 안 보이게 뒤집어 두고 진료를 본다. 퇴근해서 저녁을 먹고 나면 다시 게임에 매달린다.

위의 이야기는 내가 공중보건의가 된 다음 2년 반 동안 거의 매일 유지했던 일과다. 스스로가 한심하게 느껴져서 게임을 삭제하기도 했지만 결국 다시 설치하기를 수십 차례 반복했다. 게임을 그만두면 인생이 너무 재미없을 것 같았다. 하지만 나는 하루아침에 게임을 끊는 데 성공했다. 그 비결은 선언이었다.

부동산 세미나를 같이 듣는 회원들이 활동하는 온라인 카페에 게임을 끊겠다고 글을 올렸다. 여러 사람들이 감탄과 응원의 댓글을 달아 주었다. 그 후에도 게임을 끊지 않고서는 달성할 수 없는 독서 목표 등을 계속 선언하며 나를 몰아세웠다. 나를 관심 있게 지켜본 사람은 거의 없었을 것이다. 하지만 한 사람이라도 나를 본받고자 하는 사람이 있을지도 모른다는 생각에 최선을 다하지 않을 수 없었다.

사람의 의지는 생각만큼 강하지 않다. 남은 속여도 자기 자신을 속일 수는 없기 때문이다. 게임을 끊고 싶어도 게임을 계속하고 싶은 마음이 있으면 게임을 끊을 수 없다. 흡연이 몸에 해로운 것을 알아도 담배를 피우는 것이 즐거우면 끊을 수 없다. 몸매가 마음에 안 들어도 당장 살아가는 데 지장이 없다는 판단이 들면 다이어트는 실패할 수밖에 없다.

'내 목에 칼이 들어와도 안 돼!'라는 표현이 있다. 하지만 현실은 반대다. 내 목에 칼이 들어오면 불가능도 가능해진다. 극단적으로 한 달 후까지 5kg을 감량하지 못하면 죽는다거나 담배를 피우면 몸 안에 폭탄이 터진다고 가정해 보자. 그토록 어려웠던 다이어트나 금연도 아주 쉽게 느껴질 것이다.

생물은 위기를 맞이했을 때 가장 강한 의지를 발휘한다. 본능은 이성보다 강하다. 학생들은 시험이 코앞에 닥쳐야 공부를 한다. 실제로 시험 공부할 시간을 많이 주는 것보다 시험 공부할 시간을 적게 주더라도 학기 중에 쪽지 시험을 여러 번 보는 것이 성적 향상에 더 도움이 된다는 실험 결과도 있다.

과제를 할 때 준비 기간이 얼마가 되었든지 제출 직전까지 하게 되는 경험은 누구나 있을 것이다. 레지던트 동기 중에는 증례 발표를 준비할 때 발표 당일 자정부터 시작하는 사람도 있었다. 때로는 무모해 보였지만 그는 항상 해냈다.

성공학자들은 간절한 꿈을 품어야 성공할 수 있다고 주장한다. 강한 간절함은 곧 절박함이다. 간절히 바라는 꿈을 이루지 못하게 되는 것은 절체절명의 위기나 마찬가지다. 성공한 사람은 꿈을 이루지 못할 바에는 죽는 게 낫다는 절박함이 있었기 때문에 그런 위업을 달성할 수 있었던 것이다. 하지만 간절한 마음을 갖는 것은 마음대로 되지 않는다. 지금 당장 버킷리스트를 적고 간절함을 가져 보라고 해도 뇌는 이를 거부한다.

다시 말하지만 자신을 속일 수는 없다. 간절하게 원하는 것이 없어서 지금에 이른 사람들에게 간절함을 가지라는 주문은 공허할 뿐이다. 간절함은 훈련으로 키울 수도 없고 구입할 방법도 없다.

나는 공중보건의 기간 동안 영어회화를 공부했다. 2년 동안 수백 만원을 썼지만 전혀 실력은 늘지 않았다. 간절하지 않았기 때문이다. 영어회화를 잘하면 여러 가지로 도움이 된다는 것도 잘 알고 있었다. 비싼 인터넷 강의료나 전화 영어회화 수업료를 헛되이 날릴 수 없다는 마음가짐도 있었다. 하지만 영어를 반드시 잘해야겠다는 간절함은 생기지 않았다. 단지 아무것도 안 하고 있기 불안했을 뿐이다. 하지만 절박함은 다르다. 간절함이 원하는 것을 강하게 추구하게 하는 힘이라고 한다면 절박함은 하기 싫은 것조차 하게 하는 힘이다. 절박함은 간절함보다 강하다. 그런데 절박함은 간절함보다 쉽게 끌어낼 수 있다. 환경을 바꾸거나 현실이나 미래를 다르게 바라보는 것만으로 충분하다.

고등학교 1학년 때, 나의 1학기 중간고사 성적은 생각보다 저조했다. 중학교 내신 성적인 좋았던 편이라 반 친구들이 내 성적에 관심이 많았다. 하지만 소문보다 못한 내 성적을 본 한 친구가 여러 사람이 있는 곳에서 "용섭이 생각보다 별거 아니네."라고 말했다. 나는 발끈해서 그 자리에서 바로 "기말고사 때 두고 보자!"라고 소리쳤다. 나는 단지 비웃음거리가 되기 싫어서 독하게 공부를 했다. 그리고 마침내 같은 학기 기말고사 때 전교 1등을 했다.

나의 절박함은 고등학교 3학년 때 최고조에 달했다. 나는 학교에서 가장 인기 있는 친구의 경쟁 상대였고, 그의 추종자들에게 미움을 받았다. 나에 대한 온갖 안 좋은 소문들이 교내에 퍼졌고 그럴수록 나는 학교에서 고립됐다. 이런 상황에서 내가 내신이나 수능 시험을 망치면 그들에게 즐거움을 주는 꼴이었다. 나는 친했던 몇 명을 제외하고 나머지 모두와 결별하기로 마음먹었다. 그들에게 보란 듯이 한 방 먹이고 싶었던 것이다.

내가 서울대학교 의과대에 수석으로 입학할 수 있었던 원동력은 의사가 되고 싶은 간절함이 아니었다. 나는 의사를 꿈꾼 적이 없었다. 나는 이기고 싶었던 것이 아니라 지고 싶지 않았던 것뿐이다.

성공한 사람들은 대부분 어려웠던 시절이 있었다. 그들 중 일부는 자신이 간절한 꿈을 가졌기에 성공했다고 말하지만 실제로 그들은 절박한 상황에 놓였기 때문에 성공한 것이다. 궁지에 몰린 쥐는 고양이를 무는 법이다. 자기 자식이 차에 깔리면 맨손으로 차를 들어 올리는 게 사람이다. 반대로 안전장치가 많은 시도는 실패하기 쉽다.

여윳돈으로 재미 삼아 주식 투자를 하는 사람은 반드시 손해를 보게 된다. 대부분의 흡연자는 암에 걸린 다음에야 금연에 성공한다.

간절함을 가질 수 없다면 절박한 상황으로 자신을 몰아 보자. 금연을 하고 싶다면 가족과 친구들에게 금연을 선언하고 담배를 피우다 걸리면 벌금을 내 보자. 다이어트를 하고 싶다면 SNS에 다이어트를 선언하고 현재의 몸무게와 몸 사진을 찍어서 올려라. 그 다음 특정 날짜에 다이어트에 성공한 사진을 올리겠다고 만천하에 알리는 것이다. 이 책의 초고도 초고 완성일을 온라인 카페에 선언하고 썼다. 볼링을 칠 때는 항상 내기를 하면서 왜 중요한 일을 할 때는 절박한 상황을 만들지 않는가?

그렇다고 지나치게 절박한 상황을 만들면 안 된다. 창업에 성공하겠다고 준비도 없이 회사를 그만두면 안 된다는 말이다. 주식 투자에 성공하겠다고 처음부터 한도까지 대출을 받아 투자에 나설 필요는 없다. 절박함을 만들 때는 자신과의 약속을 다른 사람과의 약속으로 바꾸는 정도가 적당하다. 불필요하게 위험을 떠안을 필요는 없다.

임진왜란 때, 조선의 장수 신립은 천혜의 요새인 조령을 버리고 탄금대에서 배수의 진을 치고 용맹하게 싸웠지만 결과는 대패했다. 곧 자신도 남한강에 몸을 던져 자진했다. 배수의 진으로 큰 성과를 이룬 전투도 많지만 이처럼 불필요하게 배수의 진을 쳤다가는 돌이킬 수 없는 결과를 초래할 수도 있는 것이다.

중요한 목표가 있지만 간절함이 생기지 않는다면 벼랑 끝에 자신을 세워 보자. 여기서 중요한 것은 스스로 해야 한다는 점이다. 절박함이 없어서 목표 달성이 계속 미루어지면 나중에는 상황에 떠밀려서 벼랑 끝에 몰릴 수 있다. 그때 생긴 절박감으로 위기

를 극복하면 다행이지만 실패하면 돌이키지 못할 수도 있다. 우리
가 접할 수 있는 성공담은 벼랑 끝에서 살아남은 사람들의 이야
기뿐이라는 것을 기억하자. 벼랑 끝에 몰리지 말고 벼랑 끝에 자
신을 세우자.

당신의 전성기는
아직 오지 않았다

성공에 있어 가장 어려운 면은 성공을 유지해야 한다는 것이다.
- 어빙 베를린

나는 최근까지도 인생에서 가장 치열하게 살았던 시기로 고3 수험생 시절을 꼽는다. 친구들과 한잔 하는 자리에서도 두 번 다시 그때처럼 공부하지 못할 것이라고 입버릇처럼 이야기하고는 했다. 좋아하던 게임도 완전히 접고 일주일 중 토요일에 30분 정도만 놀면서 1년을 보냈으니 내가 돌이켜 봐도 정말 지독했다.

고3 때는 의대생이 되는 것이 간절한 목표였다. 대학에 합격한 합격한 것과 대학에 떨어진 재수생 사이에는 너무 큰 차이가 있었다. 독하게 마음을 먹을 수밖에 없었다. 지독한 수험 생활 끝에 손에 넣은 예과 2년은 내 인생 최고의 시기였다. 태어나서 처음으로 성적에 신경 쓰지 않고 놀 수 있었다. 그러나 본격적으로 의대 공부를 시작하는 본과 때는 고3 때처럼 치열하게 공부할 수 없었다. 본과 4년을 끝내면 암울한 인턴 시절이 기다리고 있었고, 그 다음에는 레지던트 4년이 기다리고 있었다. 학업과 상관없이 변하지 않는 미래였다.

원하는 전공의 레지던트가 된 다음에도 달라지는 것은 없었다. 이제 인생에 남은 전성기는 공중보건의·군의관 복무 기간뿐이었다. 이것 역시 노력하지 않아도 찾아오는 시기였다. 마침내 레지던트가 끝나고 남자 의사 인생의 마지막 전성기인 공중보건의 시절이 찾아왔지만 예과 때만큼 마음이 편하지는 않았다. 복무 기간이 끝나면 대학병원에 돌아가 노예처럼 일하며 쓰기 싫은 논문을 계속 써야 하는 인생이 기다리고 있었기 때문이다. 남은 인생을 조금이라도 편하게 보내기 위해 영어 공부에 매달리느라 마음 껏 놀지도 못했다.

나는 인생 최고의 시기가 이미 지났다고 여기며 원치 않는 미래를 대비하며 시간을 보내고 있었다. 하지만 내가 치열한 수험생 시절 끝에 얻은 전성기는 대학에서 허락해 준 거짓 자유였다. 게임에 대한 갈증도 풀었고 즐거운 추억도 많이 남겼지만 돌이켜 보면 그저 남아도는 시간을 주체하지 못하고 놀았을 뿐이다. 예과 시절은 전성기가 아니라 가장 시간 낭비가 심했던 시기였던 것이다.

전성기는 가장 즐겁게 놀았던 시기가 아니다. 진정으로 자신이 원하는 모습으로 사는 시기다. 고등학생 때는 자유로운 의대생이 되고 싶었다. 의대 입학 후 얼마 동안은 자유로웠지만 본과에서 레지던트까지 이어지는 길고 어두운 미래의 그늘을 항상 의식하면서 살아야 했다. 다가오는 본과 진입 날짜를 보며 마음을 졸이는 예과생은 내가 진정으로 원하는 모습이 아니었다.

나는 바로 얼마 전까지만 해도 내가 원하지 않는 인생을 살기 위해 노력하고 있었다. 예과 시절이라는 거짓 전성기를 추억하며 암울한 미래를 당연한 것으로 받아들이고 있었던 것이다. 진정한 전성기가 아직 오직 않았다는 것을 모르고 있었다. 하지만 나는 새로운 전성기를 맞이할 준비를 하고 있다. 이제 나는 하루가 지날 때마다 내가 진정으로 원하는 모습에 가까워지고 있다. 어제보다 더 발전하고 더 자유로운 나로 성장하고 있는 것이다.

나는 이것을 깨닫는 데 오랜 시간이 걸린 것 같다. 하지만 한 번 알을 깨고 나오니 세상을 보는 눈이 달라졌다. 나는 당신도 이제는 자신만의 진짜 전성기를 찾기를 원한다. 그 길이 만약 어렵게 느껴진다면 010.7331.4078번으로 연락한다면 그 길을 좀 더 찾기 쉽게 이야기해 주겠다.

나는 연구를 중시하는 영상의가 아니라 판독을 잘하는 영상의가 되기로 했다. 논문을 쓰는 학자가 아니라 책을 쓰는 작가가 되기로 했다. 저축이 아니라 투자를 하기로 마음먹었다. 대학병원이라는 폐쇄된 커뮤니티에 속한 사람이 아니라 넓고 다양한 커뮤니티에 속한 사람과 만나면서 교수라는 지위와 연구 업적이 가져다주는 명예 대신 경제적 풍요가 가져다주는 자유를 손에 넣기로 했다.

"어제와 똑같이 살면서 다른 미래를 기대하는 것은 정신병 초기 증세다."라고 말한 아인슈타인의 전성기는 언제였을까? 그는 1921년 광전 효과에 관한 기여로 노벨 물리학상을 수상했다.

그가 광전 효과에 관한 논문을 발표한 것은 1905년이다. 같은 해에 특수상대성 이론, 브라운 운동 등 물리학 역사에 획을 긋는 논문을 연달아 발표했다. 그 유명한 E=mc2 공식도 이때 발표되었다. 그의 전성기는 1905년이었을까? 그렇지 않았다. 그는 연구를 계속해 1915년에 일반상대성 이론을 발표했고, 그 후에도 죽는 날까지 통일장 이론을 연구하다 생을 마감했다.

KFC의 창업자 커널 샌더스는 40세 때 자신만의 닭 요리를 개발해서 팔기 시작했다. 그의 식당은 번창했으며 1935년에는 '켄터키 커널'이라는 켄터키 주 최고의 명예 호칭을 수여받았다. 하지만 그가 65세가 되던 해에 그의 식당은 파산하고 말았다. 당시 그의 재산은 정부로부터 받은 100달러가 전부였다. 그는 자신의 요리법을 사 줄 후원자를 찾아다니기 시작했다.

그는 자신의 전성기가 끝났다고 생각하지 않았다. 늙은 나이에 1,008회나 사업자들에게 문전박대를 당했고 1,009회째에 마침

내 후원자를 만날 수 있었다. 그 후에 그가 이룬 성공은 세계 곳곳에서 발견할 수 있다.

입버릇처럼 "왕년에 내가!", "그땐 좋았지.", "젊었을 때는!" 등의 말을 하는 사람이 있다. 자신의 전성기는 끝났고 이제는 그때보다 더 나은 삶을 살 수 없다고 푸념한다. 대기업에서 임원까지 올랐으나 이제는 텃밭을 가꾸고 있는 은퇴자나 나이가 들어서 예전 같은 성적을 낼 수 없는 운동선수 같은 경우다. 다시 회사에 취직할 수도 없고 육체가 젊어질 수도 없으니 그럴 만하다. 그런데 찾아보면 스포츠 스타였던 시절보다 더 화려한 전성기를 보내고 있는 사람을 어렵지 않게 찾아볼 수 있다.

농구 선수였던 서장훈 씨, 씨름 선수였던 강호동 씨, 축구 선수였던 안정환 씨가 그 대표적인 예다. 그들은 과거의 전성기를 발판 삼아 더 화려한 전성기를 맞이했다. 대한민국 월드컵 4강 진출 쾌거를 이룩한 거스 히딩크 감독도 선수 시절보다 더 화려한 전성기를 보내고 있다. 전성기가 딱 한 번만 찾아오라는 법은 없는 것이다.

당신이 맞이하고 싶은 전성기는 어떤 모습인가? 꼭 위대한 업적을 이루거나 연봉이 높을 필요는 없다. 퇴직하고 나서 그림 같은 집을 짓고 살고 싶다면 은퇴 후의 삶이 당신이 바라는 전성기다. 생계를 해결한 다음 봉사활동을 하고 싶다면 그때가 당신의 전성기가 될 것이다. 단지 먹고살기 위해 재미없는 공부를 하고 돈을 벌기 위해 하기 싫은 일을 하는 지금이 전성기라고 생각하지 말기 바란다. 단순히 젊고, 돈을 많이 벌고, 누가 필요로 한다고 해서 전성기가 아니다. 아무리 젊고 유능해도 아침에 눈을 뜰 때마다 우울하고 주말과 휴가만 손꼽아 기다리는 시절은 전성기라고 부를 수 없다.

스티브 잡스는 매일 아침 거울 앞에서 "오늘이 내 인생의 마지막 날이라면, 오늘 내가 하려고 하는 일을 할 것인가?"라고 자문했다고 한다. 즉, 오늘이 지금까지 내 인생의 최고의 전성기인지 항상 생각했던 것이다. 오늘이 만족스럽지 않다면 내일은 좀 더 나은 삶을 살아야 한다.

항상 내일이 오늘보다 낫다면, 인생 최고의 순간은 죽는 그날일 것이다. 설령 지금이 최고의 전성기처럼 보여도 여전히 제2, 제3의 전성기를 누릴 수 있다. 당신이 아직 살아 있는 한, 최고의 전성기는 아직 오지 않은 것이다.

06

결국 당신은
해낼 것이다

성공은 최종적인 게 아니며, 실패는 치명적인 게 아니다.
중요한 것은 지속하고자 하는 용기다.
— 윈스턴 처칠

세 살 때 고아원에 버려진 아이가 있다. 그는 다섯 살 때 구타를 피해서 고아원에서 도망쳐 대전 유흥가에서 살기 시작했다. 그는 살기 위해 길거리나 나이트클럽에서 껌과 에너지 드링크를 파는 일을 했다. 공중 화장실이나 계단에서 잠을 잤고, 굶주림에서 벗어나기 위해 음식물 쓰레기를 주워 먹고 변기통 물을 마셨다. 뺑소니를 당하기도 했다. 그렇게 10여 년 동안 거리 생활을 하던 중 우연히 나이트클럽에서 성악을 들은 후 그는 성악가가 되기로 마음먹는다. 성악을 배울 수 있는 방법을 수소문한 끝에 그의 후견인인 박정소를 만나 꿈에 그리던 성악을 배울 기회를 얻는다.

그는 훗날 〈코리아 갓 탤런트〉에 출연해 준우승을 차지하며

'한국의 폴 포츠'라는 별명을 얻었다. 지금도 음악 활동을 하면서 많은 사람들에게 희망의 메시지를 전하는 팝페라 가수 최성봉의 이야기다.

그가 이처럼 힘든 처지에서 성공할 수 있었던 비결은 무엇일까. 혹자는 그가 박정소를 만날 수 있었던 것이 행운이라고 말한다. 하지만 인생 전체를 놓고 보면 그는 어느 누구보다도 운이 없었다. 대다수 사람들에게는 후견인보다 더 든든한 부모가 있다. 그는 반 친구들이 편하게 예술고등학교 다닐 때도 학비를 마련하기 위해 매일 새벽 3시 물류센터에 나가 하역작업을 해야 했다. 물론 그에게는 재능이 있었다. 하지만 그가 자신의 재능을 알고 성악을 배웠던 것은 아니다. 그에게 있어 음악은 어려운 시절을 버티게 해 준 유일한 버팀목이었다. 그래서 그는 무일푼인 상황에서도 성악을 배우겠다는 마음을 굽히지 않았다. 포기하지 않았기 때문에 그는 성악을 배울 수 있는 기회를 손에 넣을 수 있었고 자신의 재능을 꽃피울 수 있었다.

성공학자들이 자주 말하는 성공 법칙 중에는 긍정적인 사고방식, 불굴의 의지, 실패에서 배우기, 흔들리지 않는 신념 등이 있다. 표현은 다양하지만 결국 포기하지 말라는 뜻이다. 다소 진부하지만 성공한 모든 사람들에게 해당하는 말이기도 하다.

자신의 꿈을 포기했는데 성공한 사람은 없다. 성공한 사람은 모두 긍정적인 마음과 흔들리지 않는 신념과 불굴의 의지로 실패를 극복했다.

성공하기 위한 기본 전략은 단순하다. 될 때까지 하는 것이다. 실패는 포기했을 때 확정된다. 포기하지만 않으면 실패는 모두 과정이다. 나의 지인 중에는 오랫동안 사법 시험을 준비하던 사람이 있었다. 나는 그가 이미 실패했다고 생각했다. 하루라도 빨리 사법 시험 준비를 그만두고 취직하는 게 옳다고 생각한 것이다. 하지만 그는 자신이 실패했다고 생각하지 않았다. 그는 결국 사법 시험에 합격했고 사법연수원 동기들의 축하를 받으며 법원 예식장에서 결혼식을 올렸다.

나는 그가 몇 년 동안 사법 시험을 준비했는지 기억나지 않는다. 내가 기억하는 것은 그가 마침내 해냈다는 사실 하나뿐이다. 물론 때에 따라서는 한 발짝 물러서야 할 때도 있다. 가정 형편이 어려워지면 꿈을 향한 도전을 멈추고 돈을 벌어야 할 수도 있다. 아이가 태어나서 오랜 시간 동안 육아에 전념해야 하는 경우도 있다. 하지만 이런 것들은 꿈을 이루는 시기를 늦출 이유이지 단념할 이유는 못 된다.

의사인 나는 신체적 장애만큼 큰 장애물은 없다고 생각한다. 눈이 보이지 않는데 그림을 그릴 수 있을까? 귀가 들리지 않는데 작곡을 할 수 있을까? 손가락이 없는데 피아노 연주를 할 수 있을까? 하지만 모두 가능하다.

　어렸을 때부터 간질을 앓았던 존 브램블리트는 서른 즈음에 시력을 완전히 잃고 말았다. 하지만 그는 유화물감이 각 색마다 촉감이 다르다는 것을 알아채고 자신만의 화법을 개발해 화가로 활동하고 있다. 선천적인 맹인도 화가가 될 수 있다. 터키 화가 에스레프 아르마간은 태어나서 한 번도 빛을 본 적이 없지만 사물을 정확히 묘사해 낸다. 미국 빌 클린턴 대통령 초상화를 그려 선물하기도 했다. 청력을 잃은 상태에서 합창 교향곡을 작곡한 베토벤의 이야기는 귀에 못이 박히도록 들었을 것이다. 손가락 없이 태어난 러시아 소년 알렉시 로마노프는 놀라운 피아노 연주 실력으로 세상을 떠들썩하게 했다.

　〈마스터셰프 US 3〉는 내가 본 요리 경연 프로그램 중 가장 인상 깊었다. 〈마스터셰프〉 역사상 최초의 맹인 참가자였던 크리스틴 하 때문이다. 그녀는 맹인이라는 이유로 팀전에서 외면받기도 했고 자신이 구운 애플파이의 모양도 알지 못한 채 심사를 받기도 했다. 상대가 맹인이라는 약점을 이용해 그녀를 골탕 먹이기도 했다. 하지만 그녀는 이 모든 것을 이겨 내고 우승을 차지했다. 그녀의 마지막 우승 소감은 아직도 기억에 남아 있다.

"저는 모든 역경을 딛고 꿈이 이루어졌다는 살아 있는 증거예요."

이런 사례를 보면 죽음 외에는 극복하지 못할 장애물은 없는 것 같다. 하물며 우리를 막고 있는 장애물은 그들이 극복해야 했던 장애물보다 크지 않다. 사지와 오감이 멀쩡하다는 것만 해도 엄청난 것이다.

어떤 목표를 이루는 것이 '불가능해 보인다'는 말 앞에는 '이대로는'이라는 수식어가 빠져 있다. 오늘과 같은 내일이, 내일과 같은 모레가 이어진다면 미래는 일차방정식의 해처럼 뻔하다. 하지만 포기하지 않고 노력하면 오늘과 다른 내일이, 내일과 다른 모레가 이어지고 과거에서 미래로 이어지는 방정식은 복잡해진다. 그리고 돌파구를 찾는 여정에는 많은 우연과 행운, 기회가 기다리고 있다. 당신이 이 책을 통해 나와 만난 것 역시 미리 예측할 수 있었던 미래는 아니었을 것이다.

나는 당신이 어떤 간절한 소망을 품고 있는지 모른다. 어쩌면 포기하고 싶을 정도로 거대한 장벽에 막혀 숨이 막힐 지경일지도 모르겠다. 한 가지 확실한 것은 포기하면 끝이라는 것이다. 소망을 이루기 위해서는 포기하지 않는 것부터 시작해야 한다. 방법을 고민하고 부족함을 채워서 끊임없이 도전하라. 그리하면 결국 당신은 해낼 것이다.

07

스타벅스에서 주는
월세 받으며 책 쓰는 의사되기

성공을 하려면 실패를 두려워하는 마음보다
성공을 원하는 마음이 더 커야 한다.
— 빌 코스비

〈직부연〉 실전투자반에서 내준 첫 과제는 온라인 카페에서 사용할 닉네임을 정하는 것이었다. 단, 아무렇게나 정하는 것이 아니라 자신이 되고 싶은 부자의 모습을 구체적으로 담아야 한다는 조건이 붙어 있었다. 앞선 기수 회원들의 닉네임을 살펴보니 주로 목표하는 자산이나 월세의 구체적인 금액이 포함되어 있었다.

나도 처음에는 '월세 OOOO만 원' 형식의 닉네임을 지으려고 했다. 하지만 남들이 기억하기도 부르기도 어려울 것 같았다. 그래서 나는 외우기 힘든 숫자 대신 누구나 알고 있는 우량 임차인을 닉네임에 넣기로 했다. 바로 스타벅스다. 상권이 활성화된 거리를 걷다 보면 꼭 보게 되는 커피숍이 바로 스타벅스다.

스타벅스는 입점할 때 입지를 꼼꼼하게 따지기로 유명하다. 장사가 안 될 위치에 있는 건물에는 절대 들어가지 않는다. 반대로 필요할 때는 건물 전체에서 나오는 월세보다 더 많은 월세를 내면서 들어가기도 한다. 그래서 스타벅스가 입점하면 건물의 가치가 배 이상으로 오르기도 한다.

연예인 박명수 씨는 29억 원에 매입한 건물을 리모델링 하고 스타벅스를 입점시킨 뒤에 46억 원에 매각했다. 배우 전지현 씨도 58억 원에 구입한 빌딩에 스타벅스가 입점하자 빌딩 가치가 단숨에 65억 원으로 치솟았다.

부동산 부자를 목표로 한다면 당연히 스타벅스가 입점된 건물은 하나쯤은 가지고 있어야 한다고 생각했다. 그래서 스타벅스에서 월세 받는 의사를 줄여서 닉네임을 정하려고 했다. 하지만 조 단위의 액수까지 들어간 다른 회원들의 닉네임보다 약하고 모호하다는 느낌을 지울 수 없었다. 나의 소망을 크고 뚜렷하게 만들어 줄 숫자가 들어가야 했다. 그러던 중 자기계발의 대가 나폴레온 힐이 제시한 '소망 달성을 위한 여섯 가지 원칙'을 접하게 되었다. 그중 하나가 바로 '달성하는 정확한 날짜를 정한다'이다.

나는 마흔 살이 되기 전에 목표를 달성하기로 정했다. 한국식 나이로 따졌을 때 2023년 12월 31일이 데드라인이다. 다른 회원들보다 꿈이 작은 만큼 더 빨리 이루겠다고 다짐했다. 그래서 탄생한 〈직부연〉 카페 닉네임이 '스벅월세받는30대'다.

나는 카페 프로필 사진, 퍼스나콘은 물론 카카오톡 프로필 배경화면도 스타벅스와 관련된 것들로 도배했다. 이나금 대표는 물론 많은 꿈맥들이 나의 꿈을 기억해 주었으면 했기 때문이다.

나는 닉네임이 많이 노출되도록 열심히 카페 활동을 했고, 운 좋게 토지 청약에 당첨되기도 했다. 덕분에 많은 회원들이 '스벅'이라는 닉네임을 기억하게 되었다. 회원들이 나를 '스벅'이라고 불러줄 때마다 정말로 내가 30대 안에 스타벅스에서 월세 받는 건물주가 될 것이라는 확신이 들었다.

종이에 바라는 것을 적으면 이루어진다는 말이 있다. '김밥 파는 CEO' 김승호 대표, 영화 배우 짐 캐리, 피겨 여왕 김연아가 가장 대표적인 사례다. 하지만 나는 꿈이 적힌 종이가 어떤 마법을 부린다고 생각하지 않는다. 그런 것은 미신이다. 꿈을 이루는 힘은 꿈이 적힌 종이가 아니라 종이에 적힌 꿈을 읽는 사람으로부터 나온다.

나는 하루에 한 번씩 내가 직접 만든 드림무비를 본다. 드림무비에는 나의 닉네임, 비전선언문, 소명선언문, 버킷리스트가 모두 들어 있다. 모두 〈직부연〉에서 내준 과제로 했던 것들이다. 처음에 작성한 버킷리스트나 선언문에는 과제가 요구하는 개수를 채우기 위해 억지로 쓴 내용이 많았다. 딱히 하고 싶지 않은 것도 하고 싶다고 썼고, 갖고 싶지 않은 것도 남들이 하니까 포함시켰다. 거짓으로 채워진 드림무비는 보는 내내 지겹기만 했다.

나는 진심을 담은 드림무비를 완성하기 위해 동영상을 수십 차례 수정했다. 그러던 중 공중보건의 복무가 끝나기 전에 반드시 이루고 싶은 소망을 발견했다. 바로 내 이름 석 자가 새겨진 책을 출판하는 것이다.

나는 책 한 권으로 인생의 큰 반환점을 맞이했다. 나도 누군가의 인생에 긍정적인 영향을 주는 책을 쓰고 싶었다. 그래서 드림무비에 '나는 베스트셀러 작가가 된다!', '나는 메신저가 된다!'라는 내용을 추가했다. 나는 불과 3개월도 지나지 않은 지금 이 책의 마지막 부분을 쓰고 있다.

종이에 자신의 꿈을 적는 행위는 미신이나 마술이 아니다. 타인의 기준에 맞춰 사는 동안 잊었던 진실된 꿈을 찾는 의식이다. 손으로 직접 적은 꿈을 읽어 보면 내면에서 나오는 목소리를 들을 수 있다. 그 목소리에 계속 귀를 기울이면 진짜와 가짜 꿈을 구분할 수 있다. 나의 경우 현재 버전의 드림무비에 포함된 버킷리스트 중 처음부터 있었던 항목은 극히 일부에 지나지 않는다.

종이에 적힌 자신의 꿈을 읽으면 흔들리는 마음을 다잡을 수 있다. 살다 보면 일이 잘 안 풀리거나 지치는 순간이 온다. 그럴 때는 꿈이고 뭐고 다 잊고 아무것도 안 하고 싶은 마음이 든다. 그럴 때마다 나는 드림무비를 본다. 책을 쓰다가 진도가 안 나갈 때도 드림무비를 보면서 초심을 되새겼다. 큰돈이 오고 가는 부동산 거래를 할 때도 드림무비를 보며 두려운 마음을 진정시켰다.

우리 집 거실에는 커다란 드림보드가 있다. 나는 거기에 갖고 싶은 물건이나 가고 싶은 여행지의 사진을 인화해서 붙여 놓았다. 멋진 건물에 입점한 스타벅스 사진도 물론 포함되어 있다. 거실에서 책을 쓰다가 고개를 들면 드림보드가 바로 눈에 들어온다. 거기에는 내가 밤새워 연구하며 책을 쓰는 이유가 담겨 있다.

'월세 받는 스타벅스에서 책 쓰는 의사' 내가 항상 들고 다니는 스마트폰 잠금 화면에 새겨 놓은 문구다. 나는 하루에도 수십 번씩 이 문구를 읽는다. 이것은 가까운 미래에 나를 가리키는 별명이 될 것이다. 책 쓰는 의사는 이미 되었고, 이제 스타벅스만 구하면 된다.

자신이 자주 보는 곳에 구체적인 소망을 담은 별명을 적어 보자. 스마트폰 잠금 화면, 컴퓨터 배경화면, 자신의 책상, 서재, 침실 천장 등 어디든 좋다. 적어 놓은 문구는 당신의 열정이 식지 않게 해 주고 당신이 놓칠 뻔한 기회를 잡게 해 주고 당신이 시도하지 못했던 것에 도전할 용기를 줄 것이다. 마지막으로 큰 소리로 외쳐 보자.

"나는 월세 받는 스타벅스에서 책 쓰는 의사가 될 것이다!"

나도 당신도 반드시 될 것이다.

부를 끌어당기는 직장인의 공부법

초판 1쇄 인쇄 2017년 9월 29일
초판 1쇄 발행 2017년 10월 13일

지 은 이 **송용섭**
펴 낸 이 **권동희**
펴 낸 곳 **위닝북스**
기   획 **김태광**
책임편집 **이양이**
디 자 인 **이선영**
교정교열 **채지혜**
마 케 팅 **허동욱**

출판등록 제312-2012-000040호
주   소 경기도 성남시 분당구 수내동 16-5 오너스타워 407호
전   화 070-4024-7286
이 메 일 no1_winningbooks@naver.com
홈페이지 www.wbooks.co.kr

ⓒ위닝북스(저자와 맺은 특약에 따라 검인을 생략합니다)
ISBN 979-11-88610-03-7 (13190)

이 도서의 국립중앙도서관 출판도서 목록(CIP)은 서지정보유통지원시스템
홈페이지(http://seoji.nl.go.kr)와 국가자료공동목록시스템(http://www.nl.go.
kr/kolisnet)에서 이용하실 수 있습니다.(CIP제어번호: CIP2017024872)

위닝북스는 독자 여러분의 책에 관한 아이디어와 원고 투고를 설레는
마음으로 기다리고 있습니다. 책으로 엮기를 원하는 아이디어가 있으신 분은
이메일 no1_winningbooks@naver.com으로 간단한 개요와 취지, 연락
처 등을 보내주세요. 망설이지 말고 문을 두드리세요. 꿈이 이루어집니다.

※ 책값은 뒤표지에 있습니다.
※ 잘못 만들어진 책은 구입하신 서점에서 교환해 드립니다.